GW00762777

MAMÁ,
¡QUIERO SER COMERCIAL!

CON SENTIDO DEL HUMOR
SE VENDE MUCHO MEJOR

MAMÁ, ¡QUIERO SER COMERCIAL!
CON SENTIDO DEL HUMOR SE VENDE MUCHO MEJOR

Eduardo Vizcaíno y de Sas

PEARSON
Prentice
Hall

Madrid - Londres - Nueva York - San Francisco - Toronto - Tokyo - Singapur - Hong
Kong - París - Milán - Munich - México D.F. - Santafé de Bogota - Buenos Aires - Caracas

Mamá, ¡Quiero ser comercial!
Con sentido del humor se vende mucho mejor

Eduardo Vizcaíno y de Sas

DE ESTA EDICIÓN
© 2005 PEARSON EDUCACIÓN, S.A.
Ribera del Loira, 28
28042 Madrid (España)

ISBN: 84-205-4804-9
Depósito Legal: M-25.064-2005

Edición: David Fayerman
Técnico editorial: Nuria Duarte
Equipo de producción:
    Dirección: José Antonio Clares
    Técnico: José Antonio Hernán
Cubierta: Equipo de Diseño de Pearson Educación
Ilustración de cubierta: © Fernando Vizcaíno y de Sas
Composición: COPIBOOK, S.L.
Impreso por: Top Printer Plus, S.L.L.

IMPRESO EN ESPAÑA – PRINTED IN SPAIN

Este libro ha sido impreso con papel y tinta ecológicos

A mi padre

Contenido

TE LO VENDO

L levo toda mi vida vendiendo y, a pesar de ello, cada día me gusta más.

Seguramente, todo lo que soy se lo debo a la habilidad que Dios me ha dado para poder convencer a los demás de que aquello que les ofrezco lo necesitan y tienen que comprarlo.

Incluso ahora que, por mi posición de director general, no estoy tan involucrado en el día a día de la acción comercial (para ello está nuestro magnífico director comercial, José Manuel Chamorro), muchos clientes y amigos, cuando hablamos sobre temas profesionales, me dicen lo buen vendedor que soy, lo que me gusta la venta, cómo la llevo dentro.

Soy de la teoría de que el que nace vendedor muere vendedor y, por ello, en cuanto puedo, aprovecho para buscar la oportunidad de presentar nuestros productos y servicios.

Esta pasión por la venta es el motivo por el que me he decidido a escribir este libro. Quiero contar, a mi manera, lo que yo entiendo por vender. Lo que para mí significa la carrera de un comercial, de un vendedor o, como ahora les gusta decir a los cursis, de un técnico comercial.

Y hacerlo de manera amena, entretenida, divertida y con todo el humor posible.

Lector, si este libro cae en tus manos y esperas que sea un compendio técnico sobre la función venta, las mejores tácticas para retener clientes, las nuevas estrategias de venta, el perfecto manual para el vendedor diez, te aseguro que has escogido (o te han regalado) el libro equivocado.

Este libro es un divertimento, un conjunto de anécdotas reales, verídicas y ciertas, vividas en primera persona o contadas por colegas y amigos; así como distintos pensamientos de un trabajador, de una persona, de un comercial que lleva cerca de veinte años dedicado a vender. Pero nada más.

Y no lo pretende.

Si quieres mejorar tus conocimientos, lograr ser un vendedor eficaz en una semana, demostrar a tus compañeros vendedores las nuevas teorías del marketing relacional aplicado a la función venta —como tener respuesta para todas las objeciones que el cliente te ponga—, no leas las siguientes páginas.

Ahora bien, si quieres conocer otro punto de vista del mundo comercial, te apetece comprobar que todos hemos vendido mal alguna vez, que los clientes no siempre tienen la razón, que la venta es divertida y apasionante, que, como sucede con los porteros de fútbol, los comerciales tenemos un toque mayor de locura que el resto de los profesionales, si tienes sentido del humor, entonces, éste es tu libro.

Y ya sabes el viejo dicho:

"El que quiera aprender, que se vaya a Salamanca."

Eduardo Vizcaíno y de Sas

Diccionario de la Lengua Española
Vigésima segunda edición-2001

comercial. adj. Perteneciente o relativo al comercio o a los comerciantes. || 2. Dicho de una cosa: Que tiene fácil aceptación en el mercado que le es propio.|| 3. m. *Am.* **anuncio** (||soporte visual o auditivo en que se transmite un mensaje publicitario).

vendedor, ra. (Del lat. *vendĭtor, ~ōris.*) adj. Que vende. U . t. c. s.

En la actualidad, ambos términos se utilizan indistintamente como sinónimos.

CAPÍTULO 1

LA PRIMERA VENTA
DE LA HISTORIA
FUE UNA REVENTA

De todos es sabido que Dios, después de crear el mundo, descansó y dejó que Eva y Adán camparan a sus anchas por el paraíso que había creado a su medida. Pero lo que poca gente sabe es que, ya en esos tiempos, se produjo la primera venta de la historia de la humanidad, que provocó que se sucediese una reventa y, como consecuencia de ella, la sociedad de consumo, aunque pasando por diferentes etapas, como la del trueque.

Tampoco muchas personas saben que la primera venta no la hizo un hombre, sino una mujer, y no una fémina, sino un animal. Para sorpresa de muchos, la primera vendedora de la historia fue la maléfica serpiente que utilizó el demonio para vender a Eva las excelencias de una fruta como la manzana.

Sí, el primer producto que se vendió fue una manzana; la primera vendedora, una serpiente, y el precio que se pagó, como bien ha demostrado el tiempo, fue muy, pero que muy caro.

Estaba Eva una tarde paseando por el Paraíso, aburrida porque no se habían creado las tiendas (lógico, si aún no se había inventado la venta, no se podía vender nada), mientras Adán estaba echándose una siesta, cuando se encontró con la serpiente que colgaba del árbol del bien y del mal, cuya fruta estaba prohibida.

—Eva, ¿dónde vas a estas horas de la tarde? —preguntó el demonio disfrazado de animal reptante.

—A dar una vuelta, a ver si me despejo un poco hasta la hora de la cena.

—Y Adán, ¿no va a venir?

—No, está echándose una siestecita. Está cansado de no hacer nada y ha preferido quedarse en casa. Y tú, ¿qué haces por aquí?

—Nada, estoy esperando a ver si procreáis rápido, los hijos de tus hijos se casan, tienen más hijos, que siguen teniendo hijos, y aumenta un poco la población para poder parcelar el Paraíso y comenzar con la promoción de viviendas "El Paraíso Terrenal", con pisos de 2, 3 y 4 dormitorios.

—Pues nada, cuando tengas más información me avisas, que a lo mejor a nosotros también nos interesa —comentó Eva.

—No te preocupes, seréis los primeros en enteraros. De todas maneras, ya que estás aquí, ¿no te interesa probar esta manzana tan rica y apetitosa que tengo? No te costará mucho y es de un sabor inigualable.

—Pero no podemos. Dios nos ha dicho que debemos elegir, tomar y comer de todos los árboles y frutos del Paraíso, menos de este árbol.

—Eso es porque este fruto es el mejor. No quiere que lo toméis, porque lo desea para él solo. Pero está riquísimo y, además, te da una gran tersura al cutis y evita las arrugas —rebatió el demonio vestido de serpiente.

—Pero si me la como, ¿no me condenaré a vivir fuera de aquí y a tener que ganarme el sustento con mi trabajo?

—¡Qué va! Eso son exageraciones. Esta manzana te ayuda a mantener la belleza, tersura y firmeza de tu cutis, te ayuda a aumentar tu capacidad de creatividad y te permite no tener que depender de lo que Dios te diga.

Y después de que la serpiente le rebatió todas sus objeciones, y que los argumentos que le ofreció fueran lo suficientemente contundentes como para que Eva comprara la manzana, ella dijo la frase preferida de todo vendedor:

—Me la llevo, ponme un kilo.

El diablo disfrazado, contento, emocionado por lograr la primera y más cara venta de la historia de la humanidad, puso en una cesta el kilo de manzanas del árbol del bien y del mal, y se las entregó a Eva, quien, feliz y contenta, se dispuso a hincarle el diente a una después de limpiarla con sus delicadas manos.

Adán, tras su breve pero intensa siesta, ajeno a las compras de su mujer, la buscaba por el parque de las delicias. Al cabo de un rato, la vio sentada en una roca, frente al árbol del bien y del mal, dando los últimos mordiscos a una manzana brillante y roja.

—¿Qué haces?, insensata —la espetó lleno de ira y enfado—. Estás comiendo fruta del árbol prohibido.

—Sí, pero no —contestó ella—. En realidad es fruta del árbol, pero no está prohibido. Todo eso es un invento para que no comamos los mejores frutos, los que nos permiten tener el cutis terso y ser más listos que los demás.

—¿Y a ti quién te ha dicho eso?

— La serpiente esa de ahí. Es sabia y experta, y tiene más cosas que ofrecernos. Está proyectando la promoción de viviendas "El Paraíso Terrenal", y ya he quedado con ella en que me va a guardar uno de los primeros pisos que ponga a la venta.

—¡Eva! —se enfadó Adán—, aún no hemos inventado el dinero y tú ya lo estás gastando. Lo tuyo no es normal.

—Anda, calla y no protestes. Toma esta manzana, merienda y luego me dices si ha merecido la pena o no.

Adán, como buen hombre dominado, aceptó la venta que le hizo su mujer y comió de la fruta prohibida. Compró el fruto maldito y logró que, desde ese mismo instante, Dios les arrojase del Paraíso, condenándoles a ganarse el pan con el sudor de sus frentes y a estar sujetos a las enfermedades y a la muerte.

Y sin darse cuenta, Eva ayudó a que se produjera la primera venta de la historia de la humanidad, y se convirtió después en la primera vendedora que revendió un producto.

Aunque el precio pagado por la primera venta fue algo caro, se puso la primera piedra para una de las profesiones con más arraigo en la humanidad y con un futuro muy prometedor. Por mucho que el mundo cambie; por mucho que las personas alteremos nuestros gustos; por más que evolucione la tecnología y el progreso nos lleve a nuevos sistemas y formas de relacionarnos, siempre, siempre, existirán los comerciales.

CAPÍTULO 2

TE VENDO
UNA FRASE

- Una venta no es una cosa, sino un proceso. No consiste en quedarse quieto, sino en moverse.

- La venta no es una tarea larga; es una serie de pequeñas tareas.

- PRODUCTOS: se vende algo tangible, pueden apreciarse claramente por parte del cliente las ventajas que ofrece lo que se va a comprar. Se transmite su propiedad.

- SERVICIOS: se vende algo intangible. El cliente no ve ni conoce las ventajas hasta el momento en el que lo utiliza. No se transmite su propiedad.

- Vender servicios es vender confianza.

- Normalmente, el buen vendedor de servicios es un buen vendedor de productos.

Normalmente, el buen vendedor de productos no es un buen vendedor de servicios.

- En la guerra comercial:
  Marketing es la fuerza aérea.
  Ventas, la infantería.

- En la venta, tenemos que hacernos tres preguntas clave:
  ¿Qué vendemos?
  ¿A quién vendemos?
  ¿Cómo vendemos?

- La venta no está terminada hasta que está cobrada.

- No hay venta hecha sin contrato firmado en el bolsillo.

- Vender consiste en la habilidad de conseguir que el cliente vea, con claridad, los resultados y ventajas de los productos y servicios que le ofrecemos.

- Sólo conozco dos tipos de vendedores: los buenos y los malos.

- El buen vendedor vende lo que le digan.

- Vender lo barato es muy fácil.

- El mayor elogio para un vendedor es la satisfacción del cliente.

- El vendedor no nace, se hace.
  Pero hay muchos que no nacen para ser hechos.

- Según te presentas, te reciben. Según te comportas, te despiden.

- Preguntar al cliente no es interrogar.

- La información es poder.
  Conoce todo lo que puedas de tu cliente y venderás mejor.

- No conozco a ningún vendedor que venda sentado en la oficina.

- Los clientes no vienen, hay que ir a buscarlos.
  Y si no vas tú, tranquilo, tu competencia lo hará por ti.

- El vendedor que se escucha a sí mismo aburre al que le oye.

- Lo que más motiva al vendedor, además de la venta, es su jefe.

- Nunca personalices tus éxitos, pero asume tus fracasos.

- Muchas veces, el único placer que el cliente nos permite es decidir no venderle.

- La modestia es la virtud de los incapaces. La vanidad, de los estúpidos.

- Si no lo pruebas, no lo logras.
  Si no lo intentas, no lo alcanzas.
  Si no lo ofreces, no lo vendes.

- No dejes para mañana lo que puedas vender hoy.

- El vendedor es el único animal que llama más de dos veces a la misma puerta.

  Y así, la abre.

- En la venta y en la vida, quien nada arriesga nada gana.

- Los clientes insatisfechos son nuestra principal fuente de información.

- Procura que tus palabras sean mejores que el silencio.

- Un vendedor sin ambición es como un jardín sin flores. Pero, peor.

- Ya lo dijo César: vine, vi y vendí.

CAPÍTULO 3

EXTRAÑOS EN LA NOCHE

El director regional acompañaba a su director comercial. Habitualmente lo hacía, ya que al jefe le gustaba "bajar al ruedo" para conocer de cerca los problemas que tenían todas las oficinas y poder ver en acción a su fuerza de ventas.

Las jornadas eran duras. Desde primera hora les preparaban visitas a clientes vivos y potenciales. En muchos casos, estos clientes eran escogidos por su complejidad y dificultad, con un alto componente de "mala uva": *no viene el jefe, pues que toree a este Vitorino.*

De polígono en polígono, pasando por los edificios de oficinas, las horas transcurrían vendiendo y negociando. Los directores de las agencias procuraban agasajar a su director comercial con los mejores clientes vivos, a los que había que visitar para agradecer su fidelidad, y con los peores potenciales, a los que había que convencer de que comprasen. Y nadie mejor que el director comercial nacional que venía desde Madrid para lograrlo.

Si no se había concertado el almuerzo con algún cliente, comía toda la oficina con el director. Se hablaba de cómo marchaba la zona, los problemas del día a día, la situación de cada trabajador, las inquietudes profesionales y personales, y se aprovechaba para solicitar aquellas demandas que más les preocupaban y que querían que se transmitiesen a la central.

Por la tarde seguían las visitas a clientes: sube y baja del coche, arréglate la corbata, ponte la chaqueta, revisa que en el maletín esté todo lo que necesitas para presentarte ante el cliente, coloca la tarjeta de visita en el bolsillo superior delantero de la chaqueta para poder entregarla más fácilmente, y toda la ilusión del mundo para conseguir ayudar a la oficina de la zona a conseguir sus objetivos.

Cuando no se tienen visitas concertadas, el director comercial, que quiere aprovechar todo lo posible el tiempo entre visita y visita, demuestra las excelencias de la puerta fría, esa gran desconocida y odiada forma de vender, que sirve, entre otras muchas cosas, para probar la capacidad de improvisación de todo vendedor.

—Buenas tardes, señorita, desearía ver al director de compras.

—De parte de quién le digo —pregunta la señorita de recepción con su monotonía habitual.

—Del Sr. Tal, director comercial de Tal y Asociados.

Dicho lo cual, la señorita llama por teléfono, pregunta y le responden que el Sr. García no nos puede atender, que está ocupado y que si queremos que nos reciba debemos llamar para concertar una entrevista el jueves, que es el único día que el director de compras recibe a los proveedores.

Y de allí a la siguiente empresa de la calle, a ver si hay más suerte, y en ésa sí que nos reciben. Para que luego digan la famosa frase de todos aquellos que no conocen la dureza de la vida comercial: ¡qué suerte tenéis los comerciales, todo el día en la calle!

Ya de vuelta a la oficina, un repaso a la agenda del día siguiente, y a tomar una copita rápida antes de ir al hotel para descansar después de un duro y apretado día de venta y negociación. Eso si no te organizan una cena con ese cliente que es más golfete y al que le gusta que se le homenajee sacándole a cenar, porque así tiene la excusa perfecta para salir y entretenerse a costa del proveedor de turno.

Y así fue el caso. Después de la dura jornada, se quedó con el Sr. Lagos, uno de los principales clientes de la plaza. Su empresa, distribuidora de pescado congelado, una de las más importantes del sector en España, consumía principalmente en la oficina local.

Tras varios años de relaciones comerciales, el director regional y el director comercial habían establecido algo más que un vínculo empresarial, pasando esa línea imaginaria que marca la diferencia entre cliente y amigo, aunque no exenta de cierto interés por mantener esa amistad y las ventas que significa.

La verdad es que el cliente era algo peculiar, no sólo en su comportamiento, sino también en su forma de ser y de actuar. Además, no se sabía muy bien si era un hombre cien por cien o era de esos que se han quedado a mitad de camino y no lo saben, que son, muchas veces, los peores por culpa de su indefinición.

El caso es que fueron a cenar a un restaurante cubano que se había puesto de moda y que tenía los mejores daiquiris y mojitos de la ciudad. El local era grande, espacioso y luminoso, y estaba atendido por unas espectaculares camareras mulatas que invitaban a degustar las delicias culinarias del lugar.

Ya en la segunda ronda, la cosa se fue animando, la lengua soltándose y las bromas y la buena sintonía impregnando la mesa en la que se degustaban las excelencias de la cocina cubana, que tampoco es que sea nada del otro mundo, pero se deja comer.

Al término de la cena, y después de pensar un rato adónde ir para tomar algo antes de despedirse, el cliente ofreció su casa, ya que ese día estaba solo, y no molestarían a nadie. Acababa de realizar una reforma y le apetecía enseñarla para demostrar el buen gusto con el que se había redecorado y redistribuido la vivienda, que estaba en una de las mejores zonas de la ciudad.

Tras hacer la visita de rigor a las distintas dependencias y comprobar que lo que les había contado en la cena era realidad, se sirvieron una copa y plantaron en el salón su cuartel general. Al cabo de un rato de bromas, chistes, anécdotas y sucedidos, el cliente tuvo una genial idea:

—¿Os apetece que ponga el karaoke?

Los dos se miraron sin saber muy bien qué contestar y, por cierto respeto al anfitrión y en su calidad de invitados, asintieron con la cabeza y vieron cómo se dispuso a encender el aparato de televisión y el vídeo en el que poner la cinta para cantar mientras se ve la letra y suena la música.

—¿Qué canción os apetece?, tengo todas estas —les dijo, a la vez que les ofreció una carpeta en la que aparecían alfabéticamente ordenadas.

—Nos da igual, la que más te guste a ti —dijo el director regional quitándole importancia a tan sublime decisión.

—Entonces pondré "Extraños en la noche" de Frank Sinatra. ¿Os gusta?

Dicho y hecho, puso la cinta en el vídeo y pasó el micrófono al director comercial, quien, absolutamente sorprendido y sin capacidad de reacción, comenzó a cantar tímidamente:

— "Strangers in the night exchanging glances
Wond'ring in the night
What were the chances we'd be sharing love
Before the night was through.
Something in your eyes was so inviting,
Something in your smile was so exciting,
Something in my heart,
Told me I must have you".

Mientras el cliente anfitrión escuchaba ensimismado cómo desafinaba su invitado, el director de zona observaba cómo su jefe hacía el ridículo por la causa y, riéndose cuan largo era en el sillón del salón, estuvo todo el tiempo que duró la canción mofándose de su jefe y amigo, quien intentaba desafinar lo menos posible, cosa que no consiguió, ya que como director comercial era un fenómeno, pero como cantante tenía un futuro de lo más negro.

Estuvieron un par de canciones más, las que interpretó el dueño de la casa, y se marcharon a toda velocidad, no fuese que les volviera a proponer cantar, pues eso era demasiado para una sola noche.

Cuando llegaron al portal, el director regional comenzó a reírse de su jefe, a contarle la sensación de imbécil que transmitía con el micrófono en la mano y cómo el cliente le miraba ensimismado mientras destrozaba la mítica canción de Sinatra.

Y por primera vez en su vida, recordando lo que acababa de vivir, el director comercial, bastante avergonzado, se sintió "un extraño en la noche".

CAPÍTULO 4

LOS *DIQUERS*

M i buen amigo y ex colaborador Enrique Navarro, director general de la soberbia agencia de comunicación *Advila CRH*, es un consumado vendedor y un gran escritor, con una perfecta ironía y un gran sentido del humor. En la revista *Executive Excellence*, de la que es responsable de contenidos, escribió un artículo bajo el seudónimo de Paul A. Coverdale titulado *"DI QUE ESTOY REUNIDO"*, que, por el tema que trata, su interés y las verdades que dice, me permito reproducir en este libro, por supuesto, con su permiso.

DI QUE ESTOY REUNIDO

Una de las labores más complicadas en el día a día de toda empresa es la comercial. Vender no es sencillo, eso lo sabemos todos, como tampoco es fácil gestionar los recursos humanos, los recursos financieros o los tecnológicos.

Pero estos últimos no existirían si no hubiera existido una venta previa, una actividad comercial anterior, un ingreso de dinero constante día a día, mes a mes y de año en año.

Un buen comercial debe conocer, al menos, 300 nuevas personas cada año. No sirve con mantener lo que ya tiene, debe diversificar, reducir riesgos, ampliar cartera. Si de esas 300 personas consigue un 10 por ciento de clientes, puede darse con un canto en los dientes. Me estoy refiriendo a un comercial que no tenga contactos influyentes, si bien éstos se terminan un buen día.

Diariamente, sólo en el Reino Unido, hay más de un millón de comerciales pateando las calles, aporreando puertas, llamando por teléfono, enviando mailing, con un único objetivo: conseguir clientes.

Los DIQUERS

*Si, como hemos dicho, la actividad comercial es de las más duras dentro de la empresa, más dura la hace el comportamiento o actitud de los que se podrían denominar "DIQUER". Esta palabra define a todo aquel directivo/a que, cada vez que le llama un comercial, siempre responde lo mismo: **di que** estoy reunido.*

Cualquier empresa que se precie, aunque no quiera reconocerlo, aspira a ser líder; ser líder no sólo implica el serlo. Implica, también, parecerlo. Y en esta labor están involucrados todos y cada uno de los departamentos y personas que integren la organización. Exagerando un poco, de nada sirve contar con la recepción más bonita, con la mejor sede e imagen corporativa, con un logo impecable, si la empresa está repleta de **DIQUERS.**

En toda empresa hay, como mínimo, un **DIQUER,** *y la cantidad de ellos es proporcional al tamaño de la misma. Suelen estar en los puestos altos del organigrama y suelen dirigir departamentos clave. También los hay en los escalafones más bajos, aunque éstos no suelen ejercer como tales, ya que no reciben casi llamadas.*

Los **DIQUERS** *se dividen en tres categorías:*

Los reales. *Están todo el día "efectivamente" reunidos. Su trabajo consiste en reunirse, y por ello les pagan. La finalidad de su contrato es la reunión y en su tarjeta de visita debería figurar "experto en reuniones". Suelen combinar reuniones a palo seco, con reuniones rodeadas de suculentos manjares. Son cargos más políticos y de relaciones públicas que ejecutivos y son los que inician las grandes operaciones. Nada que objetar con respecto a este grupo.*

Los ficticios. Los más peligrosos, tanto para su empresa como para el comercial que les tenga como objetivo. Suelen tener bastantes empleados a sus órdenes, que dan la cara por ellos. Alguna vez se reúnen, cuando hay algún problema, pero el resto del día están diciendo a los demás lo que tienen que hacer. Sin embargo, de puertas afuera, están siempre reunidos. Dan la orden general de que, cuando reciban llamadas, se diga siempre que están reunidos. Si el comercial es muy insistente, se le dará la oportunidad, aunque no en todos los casos, de ser atendido por un "segunda fila" del departamento, un asistente o similar, sin que esto sea ningún menosprecio. El ficticio suele pasear de un lado a otro, con cara de pocos amigos, fiscalizando a todos los demás, simulando que controla y perdiendo el tiempo.

Los aspirantes. Su misión en la empresa es menos importante que la de los ficticios, pero también están "reunidos" habitualmente. Suelen ser adjuntos de aquellos y aspiran a sustituirles algún día.

James R. Fisher, Jr., en su artículo "Manual para directivos", hacía una segmentación de empleados en la que distinguía entre los empleados A, "con gran talento, trepas, interesados, que si la empresa va a buen fin, no te abandonarán, pero si la empresa no va bien, desaparecerán"; los empleados F, "que sólo les interesa utilizarla

para cubrir sus necesidades, para aprovecharse de su inge-
nuidad y generosidad, y ponerse a la defensiva cuando se
enfrentan con fracasos"; y **los empleados B, C, D y E,**
"los que la dirigen, su columna vertebral, que responden
ante los directivos, que conocen lo que la empresa hace
bien y que determinan el éxito de la misma".

Pues bien, según mi opinión, ninguno de los **DIQUERS**
encaja entre los B, C, D y E, sino que se reparten entre los
A y los F.

La antítesis del líder

Creo firmemente que toda persona lleva un líder dentro,
pero sólo unos pocos son capaces de sacarlo al exterior.
Únicamente una minoría es capaz de desarrollar sus dotes
de liderazgo y, casi siempre, necesitará de la ayuda de otras
personas. Un líder lo es, principalmente, porque ha sabido
estar, en algún momento de su vida, en el lugar adecuado,
en el momento adecuado y con la/s persona/s adecuada/s.
Esto es lo que diferencia a los líderes consagrados de los
líderes en potencia. Muchos líderes potenciales se han que-
dado en el camino porque no han encontrado quien les
escuche, financie, apoye. Otros se han apagado por no con-
tar con un buen padrino. Esto es, desgraciadamente, bas-
tante habitual y la sociedad se conforma con la mediocri-
dad antes que apostar por las ideas y la innovación.

Esa mediocridad está representada en la empresa por los **DIQUERS**; *directivos con poco tiempo para recibir nuevas ideas, propuestas, posibilidades y con mucho tiempo para perderlo en supuestas reuniones.*

El **DIQUER** *es la antítesis del liderazgo. Por la mañana se viste con el traje de líder, se monta en su coche de líder, entra en su despacho de líder, lee el diario económico líder, se inscribe en tres o cuatro seminarios de liderazgo, come con otros líderes, vuelve a ojear el diario líder, habla por teléfono con dos amigos y con su mujer, cena con otros líderes y se va a casa a ver a sus hijos ya dormidos y a darle las buenas noches a su mujer, si es que sigue despierta. Y al día siguiente, otra dura jornada laboral le espera. Eso sí, habrá proferido unas 15 veces la dichosa frase que le da nombre:* **"di que estoy reunido".**

Si esas 15 veces las multiplicamos por el número de jornadas de trabajo que tiene el calendario, resulta que este supuesto líder, este **DIQUER,** *ha rechazado cerca de 4.000 oportunidades al año de aprender, de conocer otros puntos de vista, de conocer más a su competencia, de conocer a otras personas, de conocer las últimas novedades tecnológicas, de conocer productos o servicios que puedan ayudarle a ser más efectivo en su trabajo, de encontrar soluciones a un problema concreto, de conocer un canal* alternativo para la promoción de los productos de su empresa, etc. *Porque todo eso es lo que le puede aportar un vendedor durante una visita comercial.* En definitiva, le habrá costado a su empresa mucho más dinero del que ésta le paga, sobradamente, mes a mes. Y luego, además, se apuntará a congresos empresariales donde, por unos cuantos miles de euros, que también paga su empresa, le "enseñarán" a ser un buen líder y a conseguir el máximo beneficio para él mismo y para su compañía. Menuda paradoja.

No quiero decir con esto que todo directivo tenga que atender a todo el que llama ofreciendo algo. O que no pueda delegar en su equipo la representación de la empresa ante posibles proveedores. Se trata de evitar la sistemática del "estoy reunido", que tan mala imagen proporciona a los que vienen de fuera como a los que están dentro, a su propio equipo.

Un buen líder es aquel que, a pesar del poco tiempo disponible, saca todo el posible para atender a los demás y cultivarse con lo que le puedan ofrecer. Es una persona abierta, con aptitud, actitud y educación para relacionarse, y que mira por el bien de la empresa para la que trabaja, que es el suyo propio.

Y sobre todo, un líder es aquel que no hace perder el tiempo a los demás, que responde a las llamadas con algo concreto, sí o no, y que no utiliza la frase "di que estoy reunido" por sistema, salvo cuando realmente lo esté.

CAPÍTULO 5

SE VENDEN CHISTES DE COMERCIALES

Seguramente, la función de ventas en la empresa moderna es la que, proporcionalmente, más personas y puestos de trabajo pueda ocupar. Sin embargo, y curiosamente, así como uno se encuentra con multitud de chistes sobre abogados, fontaneros, viejos, niños, médicos, etc., pocos existen sobre vendedores.

Tras plantearme por qué se da esta situación, he llegado a la conclusión de que vender es algo tan bonito, importante y serio, que no es fácil que podamos reírnos de ello.

Pero los pocos chistes que existen sobre vendedores, sobre ventas, no son todos buenos. Así que he preparado una breve selección de los que, en mi humilde opinión, son los mejores chistes de comerciales y vendedores que conozco.

El vendedor de Biblias

Una editorial de libros religiosos está seleccionando vendedores y le da, a cada uno de los tres candidatos, 10 Biblias para ver cuántas logran vender.

Los tres candidatos se van a vender las Biblias y cuando regresan el jefe de ventas les pregunta:

—A ver, tú, ¿cuántas Biblias vendiste?

— Yo vendí sólo cinco biblias —dice el primer candidato.

—Muy bien —asintió el jefe de ventas.

—Y tú, ¿cuántas vendiste?

—Yo vendí siete —dice el segundo candidato.

—Pues muy bien, ¿y tú?

—Yyyyoooo vennndii ttttoddasss.

—Muy bien, ¿y cómo lo hiciste? —pregunta sorprendido el jefe de ventas.

—EEEssssqquue llleeesss dddiijee mmeee laaa ccccoomprrra ooo ssee lllaaa leeeooo.

El cliente es lo primero

Llama un señor a una zapatería y dice el dependiente:

—Le atiende la zapatería Blanco. ¿En qué le puedo ayudar?

—Lo siento, me he equivocado de número.

Y dice el dependiente:

—Pues venga aquí y se los cambiamos.

Un poco burro

¿Qué es un espermatozoide con un maletín?

Respuesta: un vendedor de cojones.

Internacional

¿Cómo se dice vendedor de puertas en ingles?

Respuesta: vende door.

¡Qué bonito es el amor!

Una chica llega a una librería buscando tarjetas para celebrar el Día de San Valentín. Cuando ya ha terminado de ver todas las tarjetas de la tienda, la vendedora le pregunta:

—¿Está buscando alguna tarjeta en especial?

—Sí, estaba buscando una tarjeta para celebrar el Día de los enamorados, pero ninguna de las que vi me gusta.

La dependienta, como buena vendedora, le dice:

—Ayer me llegaron unas especiales que no se pudieron colocar en el mostrador.

Ésta busca la tarjeta y se la entrega a la chica. Cuando el cliente lee la portada de la tarjeta sonríe y dice:

— Ésta es exactamente la que estaba buscando.

La tarjeta en su portada decía: "para mi único y verdadero amor".

Luego la vendedora de la tienda le pregunta a la chica:

—¿Se la va a llevar?

—Sí..., póngame 11.

El típico colmo

¿Cuál es el colmo de un comerciante?

Respuesta: tener un corazón de oro y no poderlo vender.

Deportivo

Un señor entra en una tienda de deportes y le dice al vendedor:

—Por favor, ¿tiene pelotas para jugar al tenis?

—Sí —contesta el vendedor.

—Pues, le espero mañana a las ocho.

Cortito

Vndo máquina d scribir a la qu l falta una ltra

Por preguntar

—¿Desde cuándo trabaja usted en esta empresa?

—Desde que amenazaron con despedirme.

Rebatir objeciones

Estaba un vendedor en una tienda de muebles, y llega un cliente que le pregunta:

—¿Qué cuesta ese armario de dos cuerpos?

—Si lo desea en blanco, 650 euros; si lo prefiere lacado, 850 euros.

—Muy bien, pues me llevo el cuerpo de la derecha.

El vendedor, sorprendido ante la propuesta del potencial cliente, entra rápido y veloz en la trastienda y le dice a su jefe:

—Jefe, tenemos en la tienda a un desgraciado que pretende que, del armario de dos cuerpos, sólo le vendamos uno.

No se había dado cuenta de que el potencial cliente le había seguido y que estaba situado a su espalda, oyendo toda la conversación:

—¡Oiga! A ver qué dice de mí.

—No es de usted, todo lo contrario —comenta el vendedor—. Gracias a usted, que desea la otra mitad del armario, podemos hacer la venta.

Dicho y hecho, le venden la mitad del armario y, cuando el cliente se ha ido, le dice el jefe a su vendedor:

—La verdad es que ha salido usted del apuro de una manera espectacular. ¿Cómo tiene esa capacidad de improvisación ante los problemas?

—Pues mire jefe, yo he trabajado toda mi vida en Holanda y, como sabe, allí sólo hay putas y futbolistas, y ello te imprime un carácter especial.

—Oiga, no se pase, que mi mujer es de Amsterdam.

—¿Y en qué equipo de fútbol juega?

Un magnífico vendedor

A un vendedor en su primer día de trabajo en un comercio de artículos variados, cuando termina el día, su jefe le pregunta cómo le ha ido con las ventas, a lo que el empleado le responde:

—Muy bien, hice sólo una venta.

—¿Cómo? ¿Una sola venta? ¡Pero si el promedio de ventas es de 30 a 40 por día!

—Sí, pero la venta fue de 50.000 euros.

—¿50.000 euros? ¿Y qué fue lo que vendió?

—Bueno, mire... Resulta que primero le vendí un anzuelo pequeño, uno más grande y uno de esos de muchos colores... Luego le dije que tan buenos anzuelos merecían una buena caña, así que le vendí dos pequeñas y una grande, también le vendí los cebos y, como todo eso no iba a llevarlo en la mano, le vendí una bolsa grande para los artículos de pesca. Como el día estaba algo nublado le dije que no se descuidara de las tormentas, por lo que el hombre decidió comprar un par de botas para la lluvia, un chubasquero y todo un conjunto impermeable. Nos pusimos a hablar y tampoco tenía linterna ni radio, por lo que también se los llevó. Le pregunté donde pescaba y me dijo que le gustaba pescar en el mar, entonces le ofrecí un bote con motor fuera borda que también compró. Cuando se iba, me dijo que el bote le iba a arañar el coche, entonces le ofrecí un Land Rover 4 × 4 que le encantó..., como iba a estar en el bote y el Land Rover lo tendría que dejar en el puerto, le instalamos un equipo de seguridad de última generación... y, como la pesca iba a ser mar adentro, también decidió llevarse unas redes.

El jefe asombrado le dijo:

—¿Y todo eso se lo vendió porque vino a comprar un par de anzuelos?

—¿Anzuelos? No, el tipo vino a comprar compresas femeninas "Libertad eterna" y entonces yo le dije: "Ya que se te arruinó el fin de semana, ¿por qué no te vas de pesca?"

Epitafio en la tumba de un vendedor

CAPÍTULO 6

LOS DISTINTOS TIPOS DE CLIENTES

A lo largo de mi vida comercial me he encontrado con diferentes tipos de clientes. Hablando de ello con colegas y amigos, han ratificado y coincidido en las definiciones que de ellos hemos hecho en reuniones informales.

Supongo que si alguno lee este libro y se siente identificado, aceptará que, de manera coloquial, irónica y divertida, los que tenemos que convencerles para que acepten nuestras ofertas nos permitamos la licencia de definirlos según nuestro criterio y buen humor.

En ningún momento pretendo que nadie se sienta ofendido, y si alguno ve en esta clasificación algo más que un divertimento, lo siento por él, ya que lo único que busca es describir cómo son los clientes según su comportamiento y forma de actuar ante la venta.

Que cada uno se incluya en el grupo que más le guste, convenza y apetezca, y que entienda que si alguna de las descripciones hechas a continuación pueda ofenderle, lo prometo habrá sido sin buscarlo. Si algo me importa y gusta, es respetar a los demás.

Los distintos tipos de clientes, bien sean potenciales o vivos, según mi leal saber y entender son:

1. EL MUDO

Suele escuchar, observar y asentir, pero escasas son sus palabras. Utiliza monosílabos para contestar a nuestras preguntas y a su parquedad de vocabulario añade un rictus serio y, con perdón, antipático.

Siempre me han gustado este tipo de clientes, ya que me han obligado a esforzarme mucho más hasta lograr que hablen y se pueda mantener una conversación, en lo que cabe, fluida.

2. EL CHARLATÁN

Es el caso contrario al anterior. No deja hablar, cuenta y cuenta, habla de sí mismo, de los demás, de su empresa, de sus amigos, de todo lo que sabe, de todo lo que hace, de lo mucho que su empresa le debe por lo bien que suele comprar.

Para un comercial espabilado, este tipo de clientes es un filón, ya que es posible sacarles mucha información que, posteriormente, se puede utilizar.

Pero que nadie se equivoque, que sean habladores no significa que sean, ni mucho menos, tontos.

3. EL LISTILLO

Lo sabe todo. Lo conoce todo. Cuando nosotros vamos, él ha ido y ha vuelto. Conoce a toda nuestra competencia, entiende de nuestro negocio más que nosotros, y venderle se presenta complicado porque hay que ofrecerle, no sólo mejores precios, sino, también, mucha más calidad de la que ya le ofrece/n su/s proveedor/es actual/es.

4. EL PROMESAS

Nunca dice que no, pero tampoco que sí. Promete y promete, pero nunca llega a realizar su pedido.

Todo son buenas palabras, simpatía, buen rollo, pero nada.

Eso sí, siempre que le pides cita te recibe encantado. Cuando le dices que te compre, te dice que "pronto, en breve va a haber una oportunidad", pero, a la hora de la verdad, nada de nada.

5. EL AMENAZAS

Acostumbra a estar con el palo en alto para ver si te puede dar con él. Cuidado con cometer errores, equivocarte, o prestarle un mal servicio: en cuanto pueda, te arrojará encima toda su cólera, furia y rabia, amenazando con dejar de comprar e irse con nuestra competencia.

Le gusta hacer demostraciones de su poderío gritando e insultando a sus colaboradores delante de nosotros para ratificarnos quién es el que manda.

6. EL REUNIDO

Es complicado que se ponga al teléfono y casi imposible que te reciba. Si se consigue, te atenderá de manera rápida y breve, buscando cubrir el expediente, pero sin ninguna gana de cambiar de proveedor.

En el caso de que logremos venderle, siempre serán sus colaboradores los que nos soliciten los pedidos, nos compren y atiendan en el día a día. Eso sí, una vez al año se dignará a recibirnos, nos planteará una negociación para el siguiente ejercicio, y hasta la próxima.

7. EL DESPISTADO

No es que se haga el tonto, ni que lo sea, es que es distraído, olvidadizo y algo desatento. Cuando te reúnes con él se confunde de empresa, creyendo que está con tu competencia y, por supuesto, te llama por un nombre que no es el tuyo. Muchas veces he pensado que estos despistados son, en realidad, mucho más listos de lo que nos creemos y se parapetan en esa pose para salirse con la suya.

8. EL MANIÁTICO

Sus muchas manías se manifiestan desde el principio: la cita suele concederla a una hora extraña, bien a las nueve y diez o a las once y treinta y cinco, por poner un par de ejemplos. Su mesa suele estar perfectamente ordenada, organizada y limpia.

Se pasa gran parte de la entrevista recolocando y moviendo los diferentes objetos que tiene. En la estantería, repleta de libros sobre su actividad, tiene varias fotografías con su mujer e hijos.

El presupuesto lo quiere a su manera, con las características que pide y ni antes ni después del día y a la hora que él dice.

Este cliente es fiel a sus proveedores, no le suele gustar cambiar y, una vez que conoces sus peculiaridades, es muy llevadero y fácil de tratar.

9. EL COMISIONISTA

Desde mi punto de vista es el tipo más divertido y singular. Suele ser un cara dura de tamaño natural, que no esconde sus intenciones y que, desde la primera reunión, suele observar y analizar al vendedor para, en el momento que considere más oportuno, dejar caer, de manera sutil y delicada, su intención de abrirnos la puerta de su empresa, siempre y cuando se desvíe hacia su bolsillo alguna parte del presupuesto.

Busca sitios lejanos a su despacho para quedar y que se le entregue la parte de las ventas que le corresponde por sus hábiles gestiones, y se despide con la misma muletilla: "de esto no se habla con nadie", a lo que nosotros respondemos con un "claro, claro, no te preocupes, esto queda entre tú y yo".

10. EL NORMAL

También los hay, y muchos. Es habitual que el cliente busque lo mejor para sus intereses, mire por el bien de la empresa que le paga e intente tener a los mejores proveedores que le ofrezcan la vieja máxima de la mayor relación posible entre calidad y precio.

CAPÍTULO 7

LA BIBLIOGRAFÍA
QUE NO TE VENDO

Un día cualquiera, mientras navegaba por Internet, buscando documentación para una conferencia que tenía que dar, en la página de la Casa del Libro —seguramente una de las mejores librerías de España—, en la sección de libros de *Empresa*, me encontré con 1.370 libros, de los cuales 635 eran sobre temas relacionados con la función comercial y para los profesionales de la venta.

Puedo prometer y prometo que recorrí uno a uno todos los títulos de la sección, y de ella he recogido los que a continuación **NO** os recomiendo. He mantenido el título, pero he omitido, premeditadamente, el autor y la editorial, más que nada para evitar susceptibilidades y posibles enfados.

Pero si alguien pone en duda la veracidad de estos títulos, que navegue por Internet, se meta en la pági-

na de la Casa del Libro (www.casadellibro.com) y
verá como es cierto que existen. Yo no los he leído,
porque sólo con conocer el nombre que su autor les
ha puesto, me ha echado para atrás, aunque no dudo
de su calidad y de la buena intención de los distintos
autores al tratar —seguro que con ilusión y conocimiento— los diferentes temas elegidos. Pero, al
conocer sus títulos, no he podido más que sonreír,
tomármelos con sentido del humor y opinar sobre
ellos. Eso sí, con mucho respeto hacia su autor, que
como buen padre, seguro que está muy orgulloso de
su hijo, en este caso literario. Ello no quita que, como
profesional de la venta, con más de veinte años de
experiencia, sonría ante los siguientes títulos:

El vendedor accidental

Mal empezamos. Si eres vendedor por accidente, lo
mejor es que te dediques a otra cosa. Sin vocación, lo
pasarás mal, ya que la profesión de vendedor es dura
y compleja, y si no te gusta y trabajas en ella porque
no tienes otra cosa, mi único consejo es que lo dejes.
Aunque hayas leído este libro.

Cómo dirigir equipos de venta en una semana

Ni antes, ni después. En una semana. Toma del fras-
co, Carrasco. Lo que para muchos nos cuesta años de

experiencia y profesión, leyendo este libro, lo logras en una semana. ¡Qué pena no haberlo comprado antes!

Televenta de Guerrilla

¿Se referirá a la venta por teléfono o a través de la televisión? Desde luego, éste no creo que sea un libro de cabecera para la familia Bardem. Eso de la "guerrilla" no les va a gustar mucho.

Televenta de Guerrilla: obtenga el éxito en sus ventas por teléfono, e-mail, fax e Internet

Éste lo deja más claro que el anterior: no se dedica a la venta por televisión, pero toca casi todos los nuevos métodos de comunicación. En fin, tampoco creo que los Bardem sean muy partidarios.

Sea una superestrella de las ventas

Supongo que este libro será consecuencia de los programas rosa de la televisión, que se dedican al lanzamiento de "estrellas". Lo que no me podía imaginar es que también la moda del cotilleo pudiese llegar a los comerciales... y eso que siempre hemos cotilleado sobre nuestros competidores.

Tácticas magistrales de venta: teoría, caso y ejemplos para incrementar su rentabilidad comercial

Magistrales, ni más ni menos. Toma ya. Y por si fuese poco, además, caso y ejemplos. Desde luego, el autor de éste no se debe caracterizar por su modestia. Sus tácticas son lecciones para mejorar y aumentar la rentabilidad de nuestros vendedores. Se supone.

Cultive sus ventas: los cuatro secretos del vendedor motivado

¿Qué tendrá que ver la agricultura con las ventas? A lo mejor es una nueva técnica de formación *out door*, de esas que tan de moda están en estos tiempos modernos. Pero para cuatro secretos nada más, no se necesitan estas alforjas, digo yo.

Enamore a sus clientes: guía para triunfar en la batalla del marketing del futuro

Siempre he pensado que el amor era algo bonito, dulce y delicado, pero, por lo visto, ando algo equivocado. Claro que, por lo que parece, el marketing del futuro debe de ser algo duro, complicado y bélico.

Abrace a sus clientes: el método probado
para personalizar las ventas y lograr resultados
sorprendentes

Antes los enamoramos, luego los abrazamos. Y el método está probado. ¡Qué pena que ya estoy casado!, que si no...

Clientes enamorados: sobrepasando las expectativas de los clientes

La cosa se pone muy seria. Además de conquistarlos, seducirlos, enamorarlos, sobrepasamos sus expectativas. La cosa se pone demasiado erótica y de color verde. ¿Qué significará sobrepasar las expectativas? Que cada uno saque las conclusiones que quiera.

200 soluciones rápidas para el vendedor

Ni una más, ni una menos, y rápidas. Siempre he sido partidario de hacer las cosas a su justo tiempo, ya que lo precoz (y que nadie se vaya al chiste fácil) suele ser sinónimo de improvisación. Pero ¿para qué las soluciones? Supongo que será para vender más y mejor, pero como no lo aclara...

Cuatro pasos y medio para lograr el éxito de ventas

Lo de los cuatro lo entiendo. Pero lo del medio paso ¿a qué se referirá?

365 preguntas que hacen vender

Es decir, el vendedor se dedica a hacer una pregunta cada día. Los doce meses. Las 24 horas. Servicio total.

Los seis sombreros del vendedor con éxito: un enfoque dinámico para obtener los mejores resultados en la acción de venta

Ahora me entero de que para vender es necesario llevar sombrero. Y no uno, sino seis. Y yo vendiendo con la cabeza descubierta. Si es que soy un burro.

La entrevista de ventas perfecta

¿Pero existe?

Ilusos.

Cómo vender técnicas de venta

A esto lo llamo yo rizar el rizo. Los profesionales de formar en técnicas de venta enseñan a vender técnicas de venta. Es como el viejo refrán: pan con pan, comida de tontos.

La venta virtual: de la fuerza de ventas automatizada a la calidad total de la venta

¿La venta es virtual o automatizada? Yo no me aclaro. Además, no conozco ninguna venta que sea virtual. O es, o no es. Lo único que parece cierto es que con este libro se busca la calidad total de la venta.

Cómo vender de otra manera

Este debe de ser muy divertido. El único problema es saber cuál es la manera que tenemos de vender para poder compararla con la que se refleja en este libro.

Los nuevos e-clientes: más rápidos e inteligentes exigen mejores servicios. Conténtelos

Como se enteren los clientes antiguos se van a enfadar, porque eran lentos y tontos y se contentaban con cualquier cosa.

Los clientes difíciles: argumentos infalibles para desarmarlos

Se acabó el problema, compro el libro, me lo leo y ya no tengo clientes complicados.

Reitero lo dicho: estos libros, estos títulos son reales. Están en el catálogo de la Casa del Libro, a disposición de todo el que quiera comprobarlo.

Mi imaginación y creatividad, que es alta, no llega a estos extremos.

Lo juro.

CAPÍTULO 8

EL EXTRATERRESTRE REENCARNADO

El cliente, sentado detrás de su mesa, escuchaba atónito a su interlocutor, un alto cargo comercial de una empresa que quería comenzar a trabajar con él. La directora de la oficina que le correspondía llevaba varias visitas y las posibilidades de que hubiese negocio, hasta ese día, eran bastante factibles. Por ello, cuando le pidió que recibiese a su jefe que venía de la central, no tuvo ningún inconveniente, sino todo lo contrario, y ella lo agradeció porque pensaba que sería el apoyo ideal para cerrar la venta.

Lo que no podía imaginarse cuando accedió a recibirle es lo que le iba a contar. Ahí andaba el buen hombre, sentado frente a él, hablando y hablando.

—Pues aquí donde me ve, yo he sido de los primeros del sector. Aún me acuerdo de los años en los que teníamos que ir vendiendo, oficina por oficina, sin ningún apoyo, sin que nos conociesen y sin que muchos de los potenciales clientes entendiesen el servicio que podíamos prestarles.

El cliente, asentía y no se atrevía a interrumpir al gran vendedor que tan sólo sabía hablar de sí mismo.

—Porque yo, desde los dieciocho años estoy en la calle, vendiendo. Soy un autodidacta, pero yo he creado escuela. Yo he fundado el Club de los Comerciales, yo he abierto tres empresas, yo he vendido coches, muebles, libros, he tenido una tienda de decoración, y yo he logrado que se dignifique nuestra profesión.

Y seguía hablando de sí mismo, seguía contando sus muchas virtudes y éxitos, y la directora de la oficina, cada vez que miraba a su cliente, se ponía más nerviosa, se asustaba más ante lo que se imaginaba que podía suceder.

—Además, yo, cuando nadie veía el futuro de nuestro sector, ya sabía hasta dónde podíamos llegar. Yo me he reunido con tres ministros diferentes, cuatro directores generales del Ministerio, y yo he sido el propulsor del código deontológico del sector, que en la actualidad sigue vigente.

El cliente y la directora le miraban y se miraban, pero no podían intervenir porque el de la central, el alto cargo venido expresamente para apoyar a su oficina local, seguía hablando de sí mismo sin parar.

—Porque yo no soy normal —en esto era en lo poco que, hasta ese momento, estuvieron todos de acuerdo—. Yo soy una persona que he vivido en otras épocas, que yo tenga constancia, ésta es mi tercera vida. Yo ya he tenido dos reencarnaciones.

Al oírlo, el cliente dio un respingo en su asiento; la directora miró sorprendida a su jefe y, echándose hacia delante en la silla, apoyó sus codos en las piernas, mientras miraba anonadada y escuchaba la continuación de la historia.

—La primera época de mi vida que recuerdo fue en la era romana. Yo era un patricio. Tenía mi casa en la Vía Augusta y me dedicaba al comercio entre Roma y las colonias. Yo, desde siempre, he sido un gran vendedor, y César me encargó que le ayudase a crear el primer código de comercio romano.

El cliente, ya con rictus sonriente, viendo por dónde derivaba la conversación y prefiriendo tomárselo a cachondeo, le preguntó:

—Has dicho que recuerdas haber tenido dos reencarnaciones, ¿cuál fue tu siguiente vida después de la de patricio romano?

—También en Italia, pero esta vez en Florencia. Fui ayudante de un mecenas que apoyaba a distintos artistas de la época, entre otros a Miguel Ángel. Yo me dedicaba a vender los cuadros y esculturas que ellos hacían. Es más, yo negocié la contratación de Miguel Ángel para que pintase la Capilla Sixtina.

De esta etapa de mi vida es de la que he sacado mi afición por la decoración y el arte. Yo he vendido cuadros y tuve una tienda de decoración. Ya te he comentado que desde siempre he sido una persona polifacética y dedicada a la venta.

—Desde luego —afirmó el cliente—. Pero eso te ayudará a conseguir los objetivos que te marcas.

Siempre será más fácil vender cuando se tiene una perspectiva diferente y con una visión mucho más amplia que otras personas.

—Eso es cierto. Además, date cuenta de que con todo lo que yo he vivido, en esta vida y en las otras dos, lo que puedo ofreceros a los clientes es mucho más que lo que cualquier otro vendedor puede lograr.

Y siguió hablando un rato más sobre sí mismo, hasta que, después de hora y media de entrevista, el cliente pensó que ya era suficiente, y les invitó a que dejasen su despacho.

—Bueno, pues seguimos en contacto —sentenció el cliente.

—Muchas gracias por tu atención y por recibirnos. Ha sido un placer, y ya sabes dónde nos tienes para todo aquello que necesites —se despedía el de la central—. Por cierto, el próximo día que nos veamos, recuérdame que te cuente mi origen extraterrestre.

El cliente no sabía si reírse, llorar o tirarse por la ventana. Seguramente, por educación, prefirió asentir con un somero:

—Ah, no sabía.

—Pues sí. El mismo día que yo nací, en mi ciudad, cayó un objeto volador no identificado. Al día siguiente, el periódico dio la noticia. En mi familia, siempre que sale este tema, se callan y mi madre se pone muy nerviosa.

Pero ésa es otra historia que ya te contaré en otra ocasión. Muchas gracias por tu atención, y estamos en contacto.

El cliente respiró tranquilo. Acompañó a sus interlocutores hasta la escalera, les vio bajar y comenzó a reírse como no lo había hecho hasta ese momento. Al volver a su despacho se paró en la mesa de su secretaria y le dijo:

—Si vuelve a llamar la señorita con la que acabo de reunirme, le dice que estoy ocupado. Que no puedo ponerme.

En la puerta de las oficinas, ya dentro del coche, la directora callaba y no sabía qué decir. Tan sorprendida estaba por todo lo que acababa de presenciar, que no se atrevía a abrir la boca.

Y no hizo falta, fue su jefe quien rompió el silencio reinante para decir:

—No me des las gracias. Este cliente ya lo tienes en el bote. Desde luego, no te quejarás de cómo te ayudo a vender y de todo lo que te enseño.

Dos meses después de la visita, y tras intentar hablar con el cliente en seis ocasiones, la directora comprendió que no quería ponerse al teléfono y que todo el trabajo que había dedicado hasta la visita con su jefe no había servido para nada. El cliente potencial pasaba a la lista de los que nunca comprarían.

Pero aprendió una buena lección: nunca, nunca, volvería a llevar a su jefe a visitar a clientes que le interesasen, le llevaría a clientes de poca monta, cubriría el expediente, él se sentiría útil, y sus ventas no peligrarían.

Porque ella tenía los pies en la tierra y sabía que los clientes no entienden de extraterrestres y, mucho menos, reencarnados.

CAPÍTULO 9

GIBRALTAR
FOR SPAIN

Todavía recuerdo una entrevista de trabajo que me pidió un cliente que presenciase, para que le diese mi opinión sobre el candidato que quería incorporar, ya que yo, al ser el director general de SHL PSICÓLOGOS EMPRESARIALES, S. A. (una de la primeras empresas de selección de España) con mi visión y dilatada experiencia comercial, podría tener una opinión más experimentada.

Esta entrevista me sirvió, entre otras cosas, para ratificar mi teoría acerca de la cantidad de pedantes que hay en la empresa a los que les gusta tirarse el pisto con eso de la terminología inglesa en las conversaciones de trabajo.

Más o menos, la entrevista se desarrolló de la siguiente forma, lo que me confirmó lo bonita que es la lengua de don Miguel de Cervantes comparada con

GIBRALTAR FOR SPAIN

la de Shakespeare, y lo mal que ambas las utilizan muchos ejecutivos agresivos, más conocidos como *yuppies*:

—He recibido por *mail* su currículum, ¿maneja bien todo tipo de *software*?

—Suelo trabajar con el *office* de *Microsoft*, y algo sé de *Windows*, pero a nivel de usuario de *PC*. También he usado algún *software* de *customer relationship*.

—Nosotros tenemos nuestro propio *software* de *customer management*, ya que con él hemos logrado evitar que los *hackers*, a través de *Internet*, hagan un *link* con nuestra *Web* y puedan acceder a nuestra *data base*.

Dice que ha trabajado con diversas *task forces*, ¿qué *feeling* le dejo la experiencia?

—Por una decisión estratégica de nuestro *head quarter*, se trató de aumentar ventas con el *outsorcing* de una empresa de *task forces*. No fue mal del todo, pero no se logro el *budget* esperado y eso fue un gran *handicap*. Desde mi punto de vista, el *coaching* que se dio a los vendedores no fue el adecuado. Tiene que tener en cuenta que con un *workshop* y un *training* rápido para el vendedor, los resultados son demasiado *light*. Además, y es mi opinión, creo que nos cogieron como *sparring* para probar un nuevo modo de hacer *pressing* a un jefe de ventas al que estaban haciéndole *mobbing* porque no aguantaba el *stress* que supone trabajar a tope y por no aceptar su oferta de trabajar a *part time*.

—¿Y no hubo un *repport* contrario al *outsorcing* si se veía tan nítidamente que no se iba a alcanzar el tan esperado *win to win*?

—Gran parte de la culpa la tuvo el *dumping* que nuestros competidores hicieron del producto *best seller*, lo que provocó que el *cash flow* generado no llegase a cubrir los *royalties*, aparte de que, visto lo visto, no eligieron el *partner* adecuado.

—¿Pero no contaban con su propio *know how*?

—Por supuesto, pero el sistema *dolby* que incluyen los nuevos *wifi* hace que el *stereo* no sea suficiente ya que, cada vez más, se impone el *home cinema* y los *DVD* tienen que venir preparados para leer *CD rewitrables*. Además, el *sponsor* principal falló, y ello significó que el *partner* que habíamos elegido para diseñar el *slogan* no nos sirviera para nada, con lo que el esperado *out-look* no se llegó a producir.

—Entre sus aficiones dice usted que es muy aficionado al *footing* y al *golf*. ¿No le gustan los deportes de equipo?

—Sí, pero la sensación que se siente cuando llegas al *club*, sacas tu *green fee* y te sitúas en el *tee* del uno con tu *driver* en las manos, viendo a lo lejos el *green*, es algo diferente. Además, a diferencia de otros deportes, el *fair play* necesario es mayor ya que, por ejemplo, en el *foot ball*, el *penalty* o el *corner* lo pita un arbitro, en el *golf* las *rules* las controla cada *player*. Y el *footing* lo hago por la tarde, cuando termino de trabajar, y antes de tomarme un *sandwich* para cenar.

—Y ahora mismo, ¿está inmerso en algún otro proceso de *recruitment*?

—No, estoy trabajando y lo único que he hecho ha sido enviar mi currículo a varios *head hunters* para que me incluyan en su *stock* de profesionales, pero yo prefiero la relación *one to one*, creo que en el actual concepto del *management* se debe tender a un *coach* directo, sin intermediarios, aunque no soy nada contrario a las *joint venture* ya que, en muchos casos, es lo que está más *in*.

—Bien, en principio el *feed back* que tengo que darle es bueno, pero, para continuar con el proceso, es necesario que pase una serie de *test*. Recibirá en su e-mail un *password* para que se meta en una *Web* y de manera *on line* realice distintos ejercicios. El sistema es muy sencillo, ya que con un solo *click* queda hecho el *back up* y no perdemos ninguna información. En el caso de que tenga alguna duda, aprieta el botón de *faqs* (*frequented asked questions*) y con dar al *enter*, se responde a su duda.

En caso de que avance en el proceso, ¿tendría algún inconveniente en que se pusiese en contacto con usted un *free lance* que trabaja para nosotros y tener otro *meeting* con él?

— Para nada, encantado.

—Si él no dice lo contrario, el siguiente paso sería realizar un *management audit*, que es un proceso sencillo, pero intenso.

—He oído hablar de él, pero yo lo máximo por lo que he pasado ha sido por un *assessment centre*.

—Bueno, pues estamos en contacto. Le mandaremos a su dirección de *hot mail* el *password* y *on line* nos hace los *test*.

—*Ok*, muchas gracias y estamos en contacto.

—*Bye*.

Esta conversación me demostró claramente que las cosas han cambiado. Desde que las insignias se llaman *pins*, las comidas frías, *lunch*, los maricones, *gays*, y los repartos de cine, *casting*, ya nada es igual.

En mi época leíamos tebeos, que ahora son *cómics*, mi madre, las revistas del corazón, que se han convertido en *magazines*, y en la universidad pegábamos carteles sin darnos cuenta de que en realidad estábamos llenando la facultad de *pósters*, mientras que nuestros padres, empresarios luchadores, hacían negocios en lugar de *business* para sacar a sus familias adelante. Así mismo, sus obreros, a la hora del almuerzo, en lugar de *tupper-ware* utilizaban la fiambrera o, como mucho, papel de periódico en lugar del *film* transparente.

Y nuestras madres, mientras tanto, cocinando patatas con tocino, sin saber que era *bacon*, que tiene la misma grasa, pero suena bastante mejor, y pasaban la aspiradora por el vestíbulo, esperando a que se le llamase *hall*, que parece mucho más internacional e importante.

Pero lo más grave de todo es que para que se nos pueda considerar *vips*, y que la *jet set* nos incluya entre sus elegidos, es necesario que tengamos *personal assistant*, juguemos al *backgamon* o al *bridge*, y tengamos un *bungalow* en la playa y un *penthouse* en la *city*, donde poder invitar a nuestros compromisos a un té con pastas y *after eight*, traído directamente de *London*, que queda mucho más *snob* que comprarlo en El Corte Inglés.

Pero no nos engañemos, luego tendremos que tomar un yogur *light*, hacer *jogging* e ir al *fitness* para poder estar *sexys* y abrocharnos la *blazer* cuando dejemos el coche en el *parking* camino del *pub*; donde tomaremos un *cocktail* con *gin* o *whisky* mientras nuestros amigos nos enseñarán las fotos del *week end* en la playa haciendo *windsurf*.

Y de vuelta a casa, mientras repostamos en la gasolinera, en el *stand* del vendedor de *kleenex* podremos comprar algún *cd* o *dvd* pirata para que nuestros hijos se entretengan en casa con su *play station*.

Pero a mí, por mucho que se empeñen, esta moda de utilizar tanto anglicismo sólo me demuestra y ratifica una vieja teoría: los españoles somos gilipollas y lo único que nos gusta es renegar de lo nuestro y aceptar lo ajeno.

Seguramente porque he trabajado con ingleses y he tenido que hablar mucho su extraña jerga, a mí lo español me gusta más cada día y me siento muy orgulloso de nuestra patria y de nuestra lengua.

Por ello, a los que prefieran lo anglosajón, desde mi humilde punto de vista y con el debido respeto, sólo puedo decirles: **GIBRALTAR** *FOR SPAIN*.

CAPÍTULO 10

LA VIDA ALEGRE

Es bastante común que a los comerciales nos digan, en cierta manera para echárnoslo en cara, lo bien que vivimos, la suerte que tenemos por poder entrar y salir sin dar explicaciones, así como porque la mayor parte de nuestro trabajo se desarrolle en la calle.

Esto se acrecienta si el comercial por su trabajo tiene la obligación de viajar por España, y mucho más si tiene que viajar por el extranjero. Estoy aburrido de comentar, "me marcho a Sevilla el martes y estaré hasta el viernes", a lo que responden tus familiares y amigos: "qué suerte, hay que ver cómo vivís algunos", como si el viaje que tenemos planeado fuese de lujo y placer, cuando en realidad es de trabajo y deber.

Porque viajar es divertido, festivo, bonito y agradable, si lo haces por gusto y diversión; pero cuando es una obligación, cuando hay veces que no te acuerdas en qué ciudad estás porque en la misma semana has pasado por seis o siete distintas, entonces, no es tan entretenido. Además, como tu empresa sea de las que considera que la reducción de costes debe llevarse al máximo, que una parte importante de la disminución de gastos superfluos empieza por los viajes y los traslados del equipo comercial, entonces, a la obligación añades el desencanto de encontrarte con sorpresas convertidas en hoteles de dos y tres estrellas que te esperan deseosos de que metas tu hermoso cuerpo en esa bañera decorada con toques marrones de óxido y, supongo que por cuestiones de ahorro, con toallas de pequeño tamaño, las cuales, tras limpiarte el dedo gordo del pie, se quedan húmedas e inservibles para poder terminar su función con el resto del cuerpo.

Pero, para nuestros familiares y amigos, los comerciales somos unos afortunados que estamos de viaje toda la semana, de arriba para abajo, conociendo mundo y gente. Sobre todo gente, ya que, gracias a las espectaculares dietas que suelen imponer los convenios colectivos sectoriales, los ingresos atípicos que podemos desviar para darnos algún que otro homenaje son escasos, por no decir nulos, pues en bastantes casos, como no andes con mucho cuidado, tiento y precaución, viajar puede costarte dinero.

Aunque no a todos, porque yo he tenido a mis ordenes a auténticos genios del ahorro en dietas y la investigación de lugares para comer bien, barato y limpio. También he tenido a otros a los que había que vigilar muy de cerca porque, a la mínima que te descuidabas, intentaban colocarte gastos que no eran, dietas que no les correspondían y kilómetros no realizados.

A pesar de que debo reconocer que a mí viajar siempre me ha gustado, entiendo que salir a primera hora de un lunes para volver el viernes noche es algo duro que no todo el mundo puede aguantar. Y no es lo mismo viajar como comercial puro y duro, que como director comercial o jefe de ventas, ya que los privilegios de unos y otros son, cuando menos, bastante diferentes.

El jefe, cuando viaja, aparte de conocer en directo a sus equipos y clientes, tiene que desarrollar una importante función de relaciones públicas, tanto con los principales compradores, como con los potenciales que puedan ser de interés para la empresa.

Ello significa que se dan circunstancias peculiares, diferentes y, en algunos casos, curiosas. Me lo decía un buen amigo mío cuando me contaba la situación que le tocó vivir con el responsable de la oficina local y el cliente más importante de la ciudad.

En una de las muchas visitas que realizaba cada año, después de pasar todo el día visitando empresas y negociando con las principales cuentas de la ciudad, tras un breve paso de refresco por el hotel para dejar la corbata y ponerse unos vaqueros, más cómodos e informales, acompañado por el responsable de la oficina, tocaba cenar con su principal cliente: un hombre de mediana edad, simpático y jovial, que, como marido de la dueña de la empresa, era el encargado de comprar y llevar las relaciones con los proveedores.

Como pasa siempre en este tipo de cenas, al inicio se divaga, se habla del tiempo, se comenta cómo marcha el equipo de fútbol, lo mucho que gusta la ciudad, la pena que tienen los de Madrid porque la calidad de vida, comparada con la de ellos, es mucho peor, y se rompe el hielo para comenzar a profundizar en lo bien que marchan las relaciones comerciales. Así la confianza que se va creando hace que se empiece a hablar de gustos y aficiones personales.

Cuando los postres se acercan, el ambiente es plenamente cordial, amistoso y las confidencias se cuentan de manera natural, sin mayor trascendencia e importancia, siempre comenzando por las quejas que todos los maridos tenemos de nuestras mujeres (supongo que ellas también de sus maridos), y lo poco que se hace cuando se tenía que hacer mucho más, y en la conversación siempre hay uno que discrepa y que dice que él lo hace mucho y que si no lo hace más es porque no quiere, a lo que como respuesta recibe las risas y críticas de sus contertulios, aparte del típico "fantasma" que le dedican por su clara exageración de la realidad.

Llegados a este punto, y con la copita de los postres, es cuando se plantea el "vamos a tomar la penúltima a otro sitio", y sin saber muy bien cómo, y sin que nadie lo declare abiertamente, una vez en el coche, como si el piloto automático fuera el que lo elige, el sitio hacia donde los comensales se dirigen no puede ser otro que ese bar que hay en todas las ciudades y que se dedica a dar trabajo a bellas mujeres que ejercen una profesión tan antigua como la historia de la humanidad.

Por supuesto, para todos no es habitual ir a este tipo de sitios, pero, por un día, no pasa nada.

En la entrada del local, siempre oscura, supongo que para evitar que se vea a la gente que acude, hay un siniestro portero que sonríe con maléfica cara mientras abre la puerta y se aparta para dejar franco el paso.

Dentro, la oscuridad luminosa que permite ver y que no te vean. En los laterales, mesas y sillones en los que se recuestan los clientes, muchos de ellos habituales, normalmente gordos, con la tripa empujando el botón de la camisa, siempre riendo y abrazados a las señoritas que procuran hacerles el momento lo más agradable posible, aunque el precio por ello sea, la mayoría de las veces, más de lo que a los orondos personajes les gustaría.

La barra, al fondo, casi vacía, con taburetes altos esperando a que se ocupen y una camarera resultona —seguro que una histórica de la casa— que al ver llegar a nuevos clientes, con la mejor de sus sonrisas, pregunta:

—¿Qué les pongo?

Nada más pedir —dos gin tonics de Tanqueray y un güisqui con hielo—, como por arte de magia, empiezan a acercarse mujeres al cliente de nuestros amigos, y todas le tratan con una amistad, simpatía y cercanía que deja sorprendidos a los comerciales.

Pasmados, comentan la situación y observan cómo el comportamiento de su invitado es de un gran dominio de la situación. Se puede decir, si no fuese porque en la cena se había expresado en otra línea, que conoce perfectamente el terreno que pisa.

Además, a ellos no se les acerca ninguna de las chicas. Seguro que sus caras reflejan el absoluto desinterés que les hace no intentar, ni buscar, conversación con cualquiera de las muchas mujeres —en su mayoría sudamericanas— que en el local trabajan.

Pero su invitado es un fenómeno. No hay mujer que pase por su vera que no se pare, le salude y le plante dos besos. En algún momento, ha llegado a estar rodeado por tres que no paraban de hacerle carantoñas, reírse con lo que les contaba y señalar hacia la puerta que da acceso a los "reservados".

Desde que entraron, se puede decir que les ha ignorado, sólo ha tenido tiempo para atender a sus muchos contactos del local y para tomarse un par de copas.

Cuando empieza a ser demasiado tarde para los que, en breves horas, tendrán que enfrentase a otra dura jornada comercial, le proponen levantar el campamento y marcharse por donde han venido.

Apurando de un trago lo poco que quedaba de copa, dejan los vasos sobre la barra, se despiden de la atenta camarera que les ha metido el puyazo correspondiente y se encaminan hacia el coche, aparcado frente a la puerta.

El jefe, que para algo se puede permitir ciertas licencias, rompe el silencio y le dice directamente a su cliente:

—¿Pero tú no decías que por estos locales no solías venir? La verdad es que, visto lo visto, no parece que seas, precisamente, un desconocido.

—Todo tiene su explicación. Venir, vengo poco, pero cuando lo hago, dejo una profunda huella.

—Eso no lo dudamos. Ha quedado claro —intervino el responsable de la oficina, y principal anfitrión.

—Os cuento. Como sabéis, mi principal cliente es la fábrica TAL Y CUAL, a la que facturo cerca del ochenta por ciento del total de mis ventas. Mi suegro, que fue el fundador de nuestra compañía, trabajó en dicha fábrica durante varios años, hasta que le propusieron que se independizara con la garantía de que le comprarían gran parte de lo que pudiese fabricar. Dicho y hecho, montó su empresa, que ahora es de mi mujer, que como os he dicho, es mi doble jefa: en casa y en la oficina.

—Sí, ya comentamos lo duro que debe ser eso —bromeó el jefe.

—Bueno, pues todos los años, más o menos a finales de enero, primeros de febrero, de la central de mi cliente vienen para hacerles la auditoría de servicios y calidad. Y ahí es donde aparezco yo, ya que me piden el favor de que les acompañe a cenar con los auditores. Al término de la cena, durante la cual hemos regado de vino sus estómagos, los de aquí se marchan y me dejan con sus invitados para que les dé una vuelta y les invite a tomar algo, sin tasa ni freno. Me dan un cheque en blanco, con la única condición de que, para el día siguiente, terminen tan derrotados que la auditoría sea coser y cantar.

—¿Y por eso te conocen tanto aquí? —preguntó el responsable de la oficina local.

—Claro. Aquí es donde más gasto de ese cheque en blanco. Normalmente, nos metemos en un reservado los dos auditores y yo e invitamos a que vengan a ocho o nueve de las chicas, y botella de güisqui para arriba, champán para abajo, nos corremos una señora juerga. Por eso las conozco a casi todas. Son ya más de diez años, y con ocho auditores distintos, los que llevo viniendo.

—Eso explica que seas más popular en el bar que David Beckham en Tokio.

—Sí, las chicas me ayudan mucho, porque el objetivo es que les dejen tan agotados que no pongan mayores pegas a la auditoría y, como siempre volvemos a su hotel media hora antes de que les recojan, no les da tiempo a descansar y lo único que quieren es acabar cuanto antes su trabajo para montarse en el avión y dormir camino de la central.

Dentro del coche, camino del restaurante donde el invitado había dejado aparcado el suyo, por el efecto de las copas y la gran confianza que ya se tenían, contó gran parte de su secreto y de las ocultas motivaciones que le llevaban a ser un cliente habitual del bar:

—Además, y aunque me cueste decirlo, mi gran problema es estar casado con la dueña de la empresa. Ello supone, entre otras muchas cosas, que, incluso cuando hacemos el amor, me hable de trabajo.

Y eso le baja la libido a cualquiera, ¿no?

CAPÍTULO 11

EL NOVATO

En todos los órdenes de la vida, siempre ha habido una primera vez, y en la venta no puede ser menos. Supongo que, para muchos, su inicio en esto de vender habrá sido de manera casual, en el colegio o en la universidad, sin llegar a pensar que ello podría terminar por ser su profesión final. Pero fuera de estas situaciones no profesionales, yo prefiero hablar sobre esas novatadas que todos hemos pagado en los inicios de nuestra vida profesional, que nos han servido como experiencia para no volver a cometer errores parecidos y para, con el paso de los años, reírnos al recordarlas.

En una empresa en la que estuve, teníamos la costumbre de recibir a los recién incorporados con alguna novatada que ayudase a que su adaptación al equipo fuese, cuando menos, trabajada, singular y diferente.

Para hacerla creíble, involucrábamos a parte de la oficina en la que nos ubicábamos, a vecinos de oficinas adyacentes e, incluso, al dueño del bar de al lado en el que comíamos casi todos los días y que era nuestro club de las cañitas de los viernes.

Todo comenzaba al segundo o tercer día de la incorporación, cuando, a media tarde, el jefe de ventas, serio, concentrado y con un rictus más bien de enfado, le decía al recién llegado que le pidiese al responsable de facturación la *máquina para cuadrar balances.*

El novato, obediente, cumplidor y deseoso de obtener las felicitaciones de su jefe por lo diligente y eficaz que era en su trabajo, se encaminaba raudo y veloz hacia el despacho del ínclito que le recibía con la mejor de sus sonrisas para decirle que él ya no la tenía, que se la había dado a Luis, el encargado del almacén, para que la guardase.

Casi sin despedirse, marchaba rápidamente hacia el almacén para solicitar a su guardián que le diese la preciada máquina que el jefe le reclamaba. Frente al mostrador que sirve de barrera en todo almacén, recibía la nueva de que, justo ayer, se la habían pedido prestada los de la empresa de registros.

En ella le informaron de que, cuando quisieron devolverla, la oficina estaba cerrada, con lo que la dejaron en el bar para que, por la mañana, la devolviesen en su nombre.

Presto y dispuesto, aún con ganas, pero un poco defraudado por lo que estaba tardando, acudió al bar y allí le informaron de que se la llevó el portero de la finca, quien dijo que la entregaría personalmente.

En el portal, ¡por fin!, la máquina de cuadrar balances apareció. Estaba en el trastero, ya que en el portal ocupaba mucho. El empleado de fincas urbanas (como ahora se les llama) le acompañó al sótano, abrió la puerta y señaló una caja, más o menos de cincuenta centímetros de largo, por otro tanto de ancho y un alto de unos treinta, perfectamente cerrada y sellada, para que la cogiese.

Si no pesaba cerca de 30 kilos, no pesaba nada. Con mucho esfuerzo, ya que la fuerza bruta no era su especialidad, y su paso por el gimnasio fue lo suficientemente intenso como para acudir una vez y decidir no volver, el novato se agachó y, en el momento de extender sus brazos para agarrarla como podía, oyó cómo su pantalón, justo en donde la espalda inicia su camino hacia el suelo, hizo rasssssssshhhhhhhhhhh y dejó entrever en la raja recién aparecida una línea blanca que coincidía con el color de sus calzoncillos o gayumbos, para aquellos que hemos hecho la mili.

Rojo, no se sabe bien si por el esfuerzo o por la vergüenza, cogió la caja y salió del trastero con la intención de llevarla a su demandante. En el ascensor se encontró con el primer problema: él solo no podía meterla ya que el ancho de la caja coincidía con el de la puerta que, desde siempre, era demasiado estrecha.

Pues a grandes males, grandes remedios. Tan solo son dos pisos, así que no pasaba nada porque subiese andando. Costaría un poco más, pero el jefe valoraría el esfuerzo. Pensado y hecho, cuando quiso darse cuenta, estaba haciendo la primera parada para recuperar aire. Un poco más y habría cumplido la tarea de forma brillante, aunque con más retraso del que a él le hubiera gustado.

Frente a la puerta, depositó la caja en el suelo para poder llamar al timbre y que le abriesen. Cuando la recepcionista lo hizo, la sonrisa que enmarcaba su rostro le animó.

Al llegar al despacho de su jefe, éste, enfadado, le espetó:

—Muchas gracias, pero ya no la necesito. Desde luego, como vendiendo seas tan rápido, vamos dados.

—Es que...

—Ni es que ni nada. Llévala a facturación, que yo ya no la necesito.

Decepcionado por su falta de acierto en la primera relación directa con el jefe, agarró de nuevo la caja, escaleras abajo, para ir a facturación sin más escalas en su camino.

Sudando la gota gorda, empapada la camisa, entregó la caja al financiero, quien, con una sorna pasmosa y una tranquilidad estudiada, le dijo que muchas gracias, pero que la llevase al almacén que es donde la guardaban.

Otra vez agarró la maldita caja y camino del almacén empezó su mosqueo cuando vio que la mayoría de los compañeros empezaban a señalarle, reírse y cuchichear a su paso.

La explicación la encontró rápido, cuando, en el almacén, su jefe, que le esperaba junto a Luis, le dijo que abriese la caja y sacara su contenido.

Además de periódicos viejos y cuatro guías de teléfonos, había una cuchilla de una vieja guillotina que pesaba más de diez kilos, pero de la máquina de cuadrar balances, nada de nada.

Con la cara de pánfilo que se te queda en esos momentos, escuchó a su jefe mientras le decía:

—Bienvenido al departamento comercial.

* * * *

Cuando yo era aún más joven y acompañaba a mi padre al banco, veía que el director de la agencia era un señor que estaba en la oficina del fondo, sentado en su mesa, atendiendo a personas o hablando por teléfono.

Los directores de agencias bancarias de antaño solían ser señores serios, mayores, que llevaban casi toda su vida en el mismo banco en la misma oficina; a los que los clientes acudían para ver si había posibilidad de que les concediesen ese crédito que habían pedido a un interés que no fuese mayor del once por ciento.

De la agencia salían para tomar un café en el bar de siempre o para ir al señor notario a firmar alguna de las operaciones que, gentilmente, concedían a algún cliente. Y poco más. Estaban acostumbrados a que los clientes llamasen a su puerta.

En la actualidad, todas las entidades financieras a las que prestamos servicios de selección —bancos y cajas de ahorros— nos piden que reclutemos personas con un claro perfil comercial para que sean sus directores de agencia o comerciales que puedan ser promocionados a dicha posición. Las personas seleccionadas han de tener claro que la mayor parte de su trabajo deberán realizarla en la calle, buscando nuevas cuentas de empresas, pólizas de crédito y clientes que les ayuden a alcanzar sus objetivos de activo y pasivo. Y si no, que se lo pregunten a mi bancario preferido, Mariano Planas, que también engaña en los intereses y comisiones que se cobran, pero, es tan buen comercial, que le crees y, encima, le das las gracias por lo bien que te lo explica y te lo vende.

Seguro que a alguno de los candidatos que presentamos a nuestros clientes del sector financiero le ocurrirá como a otro buen amigo mío, al que, además, también tengo confiadas parte de mis deudas, Joaquín López Cortijo. Cuando acababa de entrar en el banco en el que sigue trabajando, tuvo que afrontar en su primer destino duras labores durante su etapa de formación; pues su jefe en la agencia de Cartagena a la que le enviaron le pidió que llamase a un listado de clientes con saldo deudor:

—Cortijo, tenga este listado y llame a aquellos que tengan saldo mayor de veinte mil pesetas (ciento veinte euros).

Dicho esto, le entregaron un listado de los que sacaban las antiguas impresoras de aguja en el llamado papel pijama, rayado en azul claro y blanco, que era siempre de la empresa Roberto Zubiri.

Obediente y cumplidor, como buen novato, comenzó por el principio (no debía ser de otra manera) y, cuando llevaba cerca de cuarenta contactos hechos —la mayoría de los cuales decían que sí, que pronto irían a saldar la deuda, que no era culpa de ellos, que debía de ser un error, que no habían podido pasar aún, que no estaba su marido que es el que llevaba esos temas—, llamó a un número que figuraba en la lista como González Rodríguez, S. L. Al contestar al teléfono, la sorpresa de Joaquín fue morrocotuda cuando escuchó en el otro lado de la línea:

—¡Cortijo!, ¿dígame?

Absolutamente descolocado, pero aún más, en su completa inocencia, contestó:

—¿Cómo sabe que soy yo?

A lo que fue debidamente respondido con un claro y contundente:

—¿Es usted imbécil o se lo hace? Éste es el restaurante El Cortijo, ¿me puede decir a dónde llama?

* * * *

Aún sonrío cuando recuerdo la tarde en que sentado en mi despacho de la empresa de trabajo temporal ADIA donde trabajaba, recibí una llamada que me pasaban desde la centralita en la que preguntaban por el responsable de la oficina.

Gentil, como siempre, contesté al teléfono con un manido:

—Dígame.

—Buenas tardes —respondieron—. ¿Es usted el responsable?

—Sí, ¿qué desea?

—Soy Antonio Miranda y le llamo de la empresa de trabajo temporal UNA CUALQUIERA. ¿Nos conoce?

—Bueno, algo me suena.

—¿Y conoce el trabajo temporal?

—Un poco, pero sólo de pasada —mentí cuan bellaco.

—Bien, pues si me puede atender tan sólo unos minutos, me gustaría presentarle nuestra compañía y ver la posibilidad de que nos permita visitarle personalmente después, si es que está interesado.

—Estoy deseando que lo haga —dije maléficamente.

—Pertenecemos al Grupo TAL Y CUAL, líder en el mercado (no sé por qué maldita razón, muchos argumentos de venta se empeñan en liderar algo) y contamos con más de setenta oficinas repartidas por toda España.

—Muy interesante.

—Como bien sabe usted (esto siempre se dice, aunque sabemos que la otra persona no sabe nada de lo que le estamos contando) el sector de trabajo temporal lleva legalizado en España desde el año mil novecientos noventa y cuatro (estábamos en el noventa y cinco), y somos pocas las empresas que, desde mucho antes, ya hemos adquirido la experiencia necesaria para poder prestar un servicio de garantía. ¿Ha usado alguna vez trabajo temporal?

—Alguna vez. Perdona, ¿llevas mucho tiempo en la empresa? —pregunté a mi interlocutor.

—No. Con el de hoy es mi tercer día.

—Se nota que has nacido para esto —animé al joven muchacho— y te lo digo yo que, de vender, sé un poco.

—Muchas gracias. Me alegro, porque entonces me entenderá, pues nosotros queríamos ver la posibilidad de concertar con usted una entrevista para presentarle nuestra empresa de manera personal y aprovechar para llevarle un presente que entregamos en todas las primeras visitas. ¿Tendría algún inconveniente en recibirnos? —me preguntó el ávido comercial.

—Yo, ninguno. Pero supongo que tu jefe sí que lo tendrá —contesté malévolamente.

—Perdone, ¿no le entiendo? ¿Por qué iba a tenerlo mi jefe? Todo lo contrario —rebatió el joven comercial.

—Hombre, ¿me puedes decir a dónde has llamado?

—Sí, a la empresa ADIA.

—¿Y sabes a lo que se dedica la empresa ADIA?

—Pues, según pone en mis notas, a los recursos humanos.

—Efectivamente, a los recursos humanos. ¿Has recibido algún tipo de formación en la empresa UNA CUALQUIERA, que pertenece al Grupo TAL Y CUAL, líder en el mercado?

—Sí. El primer día. Me dieron la Ley de Trabajo Temporal, el Convenio y, desde el día siguiente, estoy haciendo tele-marketing.

—Pues mi querido y joven comercial, sólo voy a decirte dos cosas, pero, por tu bien, no se las cuentes a tu jefe: lo primero, que ADIA, la empresa de recursos humanos a la que llamas, tiene la autorización administrativa nacional número uno, es decir, ha sido la primera empresa en España legalizada para vender servicios de trabajo temporal; y lo segundo, que un buen comercial lo primero que debe aprender es cómo conseguir toda la información posible sobre su producto, su competencia y los posibles clientes, así que, no le digas nada a tu jefe de esta conversación y, antes de llamar a otro prospecto, entérate a qué se dedica.

Mucha suerte, que la vas a necesitar.

Un saludo

Y colgué, en el fondo, triste y contento. Esa sensación agridulce que se queda cuando te alegras por lo mala que es mucha de la competencia con la que tienes que combatir en el mercado, pero triste porque en demasiadas empresas una profesión como la nuestra, tan atractiva, necesaria, interesante y variada, la dejen en manos de inexpertos profesionales a los que, por falta de ayuda, formación o interés, les ponen a vender sin respetar las mínimas reglas de conocimiento que deben respetarse.

Aunque supongo que, en realidad, el que me daba más pena era el pobre Antonio Miranda.

CAPÍTULO 12

TE VENDO
MÁS FRASES

- Si no logras conocer las necesidades del cliente: no le robes su tiempo.

- La principal regla que tiene que respetar un vendedor es la de creer en lo que vende. Si no te identificas con tu producto/servicio, es mejor que lo dejes.

- No hay comprador frío, sino vendedor inexperto.

- El vendedor debe tener claro que nunca va a tener una segunda oportunidad para dar una buena primera impresión.

- El buen vendedor nunca habla de la competencia. Y mucho menos mal.

- Nunca contrates a un vendedor por su cartera de clientes.
  Contrátale por la que pueda crear.

- Los clientes sólo son fieles a sí mismos.

- Si puedes, concierta con anterioridad la cita con tu potencial cliente.
  Lo contrario, es como ir a cenar a casa de un amigo sin avisar: puede ocurrir que llegues y no tengas qué comer.

- A muchos vendedores lo que más les calienta es la puerta fría.

- No es que la mujer sea mejor vendedora que el hombre, es que hay más hombres comprando que mujeres.

- Ningún cliente se opone a que un vendedor le diga muchas cosas, si lo hace con pocas palabras.

- El vendedor que sabe de su producto todo lo que puede saberse es un experto.
  El que dice todo lo que sabe, es un pesado.

- Vender y ligar es lo mismo.

- Echar la culpa de la pérdida de una venta al comprador es como echar la culpa de un suspenso al profesor.

- El buen vendedor demuestra su capacidad vendiendo lo caro.

- No hay venta hecha hasta contrato firmado.

- El cliente te deja que le mientas una vez. Y no siempre.

- Nunca entres derrotado a una entrevista de ventas, porque no venderás.
  Pero tampoco entres pensando que ya está todo el pescado vendido, porque tampoco pescarás.

- Dios ha dado al vendedor dos orejas y una boca ¿Para qué?
  Para que escuche el doble de lo que hable.

- Cualquier venta resulta siempre más fácil si nos es posible descubrir el principal interés del cliente.

- El comprador que conoce bien su producto es duro con el vendedor que lo desconoce.

- El buen vendedor no miente, exagera la realidad.

- No te enfades porque un vendedor de la competencia conozca mejor que tú el producto que vendes.
  ¡No es culpa suya!

- Lo primero para ser un buen vendedor es conocer el producto que vendemos.

- Un vendedor seguro es un vendedor que conoce, perfectamente, lo que vende.

- Si no te entusiasma y vives lo que vendes, déjalo. El cliente te lo notará.

- Recuerda: muchas veces, demasiadas, el único argumento que el cliente tiene en nuestra contra es el precio.

- No tengas miedo a cometer errores. De ellos aprendemos.

- Todo el mundo se aparta ante alguien que sabe a dónde va.

- Un viejo estudio demuestra que cuesta siete veces más hacer un cliente nuevo que mantener uno que ya tenemos.
Así que no seas tonto y no trabajes en balde.

- No es más rico el que más vende, sino el que más comisiones cobra.

- En toda venta deben ganar dos: el que compra y el que vende.

- La competencia, de no existir, deberíamos inventarla.

- Cuanto más clientes visito, más vendo. Curioso, ¿no?

CAPÍTULO 13

ALTOS VUELOS

Como director comercial, Álvaro tenía muchas virtudes, pero era demasiado exigente y estaba obsesionado con el ahorro de costes. Que la empresa fuese de reciente implantación en España y sus principales socios de origen catalán, supongo, tendrían su influencia.

Empezar desde cero de facturación, buscar comerciales, oficinas, formar a todos los nuevos, crear tanto la política como la estrategia comercial y, sobre todo, definir la cultura de ventas que tenía que establecerse en toda la red de negocio era una tarea demasiado atractiva para decir que no cuando le propusieron que fichase por la empresa.

Pero, para sus más cercanos colaboradores, el hecho de que la central estuviese en Barcelona y la dirección comercial en Madrid significaba que cada reunión

ALTOS VUELOS

127

mensual de análisis de resultados, cursos de formación, o cualquiera de las convocatorias que precisaban la presencia de los responsables de las grandes cuentas y los directores regionales, fuese precedida del madrugón correspondiente; ya que, por culpa de la manía del director comercial, había que coger el vuelo de las siete en punto de la mañana para estar en las oficinas centrales a las nueve menos diez, antes de que llegasen todos los que allí trabajaban pues *así ven que los de Madrid somos puntuales.*

El vuelo de Spanair JK 422 tenía prevista su salida diaria a las siete de la mañana, con lo que quedaban en la Terminal número dos a las seis en punto, frente al mostrador de facturación, Álvaro, el director comercial, Ignacio, el director de grandes cuentas de la zona centro, y Mariano, el director regional de las oficinas de Madrid.

Para el primero que llegase, la instrucción era situarse frente al mostrador e iniciar la cola, en el hipotético caso de que la hubiese; así, cuando todos estuvieran, podrían chequear, tomar asiento en una de las filas de las salidas de emergencia y esperar tranquilamente el embarque del avión con las tarjetas en el bolsillo.

Hasta que no acudes a esas horas al aeropuerto, no te das cuenta de la cantidad de gente que ya lo transita, sobre todo, los lunes. Es una auténtica ciudad despertando a la mañana, con el trasiego de viajeros, trabajadores y visitantes de arriba abajo, con el rodar de las maletas y los maletines en la mano, mientras se busca la puerta de embarque que a cada uno le corresponde.

Allí se encontraban los tres, tomándose un café y esperando la llamada por megafonía. Ignacio estaba con el sempiterno cigarrillo en la boca, si la tos perruna que le provocaba su adicción no le impedía sujetarlo entre los labios, lo cual animaba a su amigo Mariano a meterse con él y hurgar en la herida bromeando:

—Ten cuidado, que con ese esputo se te ha caído un trozo de pulmón.

—Tú siempre tan simpático —respondía casi enfadado, ya que no le hacía mucha gracia que le recordasen las consecuencias de su vicio.

—Bueno, haya paz —intercedía Álvaro—. La verdad es que no entiendo cómo puedes fumar a estas horas.

—No, si éste es el tercero. El primero, nada más levantarme, el segundo en el coche y éste de ahora.

—Pues chico, a mí no me entra uno ni por obligación —comentaba Álvaro sorprendido por la precocidad viciosa de su subordinado.

Dos cigarrillos después, llamaban por la megafonía a todos los pasajeros del vuelo de Spanair JK 422 para que embarcasen por la puerta C24, en donde se organizaba una larga fila de ejecutivos y ejecutivas que se disponían a iniciar su semana laboral en Barcelona. Muchos volverían por la tarde, otros se quedarían.

Ellos se quedaban tres días. Solía ser lo habitual cuando iban todos los responsables comerciales de España, ya que se aprovechaba el desembarco de todos en la Central para tratar temas, analizar las distintas zonas y formar en las diferentes materias que, según la época, se programaban.

Viajar con Spanair en esos años —mil novecientos noventa y ocho— contrastaba con otras compañías aéreas de forma notable. Solía ser bastante puntual, a pesar de que, la mayoría de las veces, quien fuese les obligaba a aparcar los aviones en el más allá, casi en Torrejón, con lo que el traslado en la llamada jardinera[1] retrasaba la salida, pues hasta que se llegaba al lugar donde estaba esperando el avión, pasaban diez o doce minutos.

Pero, a su hora o no, la gran diferencia se basaba en dos pilares claros y concretos: las azafatas (y según las mujeres, también los azafatos) eran guapísimas, altas, rubias y nórdicas, gracias a la alianza con la empresa aérea sueca *SAS*[2]. El otro diferencial era que, si por esas casualidades de la vida viajabas en primera clase —llamada AVANT—, en el desayuno incluían chocolate con churros, y eso, la verdad, quedaba muy madrileño y distinto.

Escoger salida de emergencia (siempre que la fila que nos den sea de las que se puede reclinar el asien-

---

[1] Siempre me llamó la atención que a esos autobuses se les llamase *jardineras*. Con el tiempo comprendí el por qué: van llenas de capullos. (N. A.)

[2] De broma, en más de una ocasión, cuando al facturar en el aeropuerto me han preguntado mi segundo apellido he dicho: "Sas, como la compañía aérea sueca, que era de mi abuelo, ¿sabe usted?". Y ha habido gente que se lo ha creído. Como decía el torero: "Hay gente pa tó".

to) tiene la ventaja de permitir estirar las piernas, con lo que se viaja un poco más cómodo y para echar una cabezadita viene muy bien.

La distribución de posiciones siempre era la misma: Mariano en la ventanilla, Ignacio en el medio y Álvaro en la fila del pasillo. Para eso era el jefe y el que tenía la obsesión de llegar pronto para coger dicha ubicación.

Después de dejar las chaquetas perfectamente dobladas y los maletines con el ordenador portátil en el habitáculo superior, sentarse y abrochar sus cinturones, desplegaban los periódicos que habían recogido en la puerta —*Marca, Expansión, El mundo, ABC,* y *Cinco días*— y comenzaban su lectura, a la espera del despegue definitivo. Una vez en el aire, según iban terminando cada uno el suyo, se lo pasaba a su compañero por si lo quería leer.

Mariano, inapelablemente en cada vuelo, en cuanto quitaban la luz que indica la obligatoriedad de llevar puesto el cinturón de seguridad, se levantaba para ir al aseo situado en la cola del aparato (me refiero al avión). Este vuelo no fue una excepción y, tras levantar a Álvaro e Ignacio, se marchó a su habitual desagüe, mientras los baches aéreos dificultaban el, ya de por sí, complicado tránsito entre las filas de asientos, los pies de los viajeros, los periódicos que están leyendo y las azafatas que van y vienen mientras comienzan a repartir las bandejas con los desayunos.

En el retorno, la misma complicación. Con la dificultad añadida de tener que esperar en el asiento vacío que haya, si lo hay, a que la azafata dé marcha atrás con el carrito del desayuno, le deje pasar y vuelva hacia delante para continuar con su alimenticia labor. Y, al llegar a su fila, esperar a que se levanten sus compañeros de vuelo para pasar hasta su asiento en la ventanilla y continuar con los periódicos y las bromas de los colegas que, viaje tras viaje, hurgan en la amenaza de la próstata.

Llevaba Mariano más de diez minutos de vuelta de su obligado viaje al aseo cuando, desde el pasillo, un señor bajito, calvo y barrigón, con una camisa blanca y una blazer azul, de esas de botones dorados, empezó a tirarle trozos de una servilleta de papel mientras le decía indignado y algo irritado:

—¡Oiga! Me ha manchado. Me ha manchado.

Los tres giraron sus cabezas sorprendidos con lo que estaba ocurriendo y sin saber, exactamente, su

porqué. Mientras, el manchado seguía con su canti-
nela, a la vez que continuaba tirando a Mariano trozos de la servilleta de papel.

—Me ha manchado. Me ha manchado.

—Perdone, ha sido sin querer —se disculpó Mariano—. Además, ya le he pedido disculpas antes.

Pero el señor bajito, calvo y barrigón, señalando
con el dedo la mancha marrón que tenía la camisa,
cuyo intento de ser limpiada había logrado que cre-
ciese su tamaño, no aceptaba la disculpa y repetía sin
cesar que le había manchado.

Álvaro, viendo que el hombre no se marchaba, al
estar pegado a él, se levantó y le dijo:

—Ya le ha pedido disculpas, venga, déjelo ya.

—No, me ha manchado, me ha manchado —repetía sin atender a otra razón.

—Venga, tranquilo, déjelo. Por desgracia, ya no
tiene remedio.

Pero el señor bajito, calvo y barrigón no atendía a
explicaciones y continuaba tirando a Mariano trocitos

de las servilletas de papel con las que debía haber intentado limpiar la mancha de su, antes, blanca camisa.

Álvaro, un poco harto y con su coña habitual, viendo que el hombre bajito, calvo y barrigón no tenía mucha intención de irse, le dijo, con esa sorna que solía poner él y ese deje especial que acrecentaba el sonido de la jota:

—Venga, váyase, que ya le ha pedido disculpas. Además, la culpa es suya por tener esa barriga, ¡majjjjjjeeeete!

Sin esperarlo, acababa de provocar a la fiera y el hombre bajito, calvo y barrigón, aún más enfadado, irritado y lleno de ira, se abalanzó hacia él con la intención de darle un puñetazo en la cara. Menos mal que los reflejos le ayudaron y pudo evitar el golpe, parar al agresor cuando se le echaba encima y empujarle hacia atrás con su mano derecha.

Pero lo que no pudo evitar es que el señor le agarrase la corbata de seda mientras caía hacia atrás, golpeara al camarero que servía café a una pasajera y, por efecto del porrazo, echase para atrás la cafetera, volcándola sobre el señor bajito, calvo y barrigón, en cuyas manos tenía parte de la corbata de Álvaro, quien había caído hacia atrás, empujando la parte trasera de la butaca anterior a la suya, con lo que el pobre hombre que medio dormitaba en ella, tuvo un despertar inesperado.

La mayoría del pasaje, atónito, observaba lo que acababa de ocurrir, con una mezcla de sorpresa e incredulidad.

Lo mismo que el azafato afectado, quien, al recuperar la estabilidad, tuvo tiempo de agarrar al irritado viajero al que acababa de manchar y cuyas intenciones eran las de volver a la gresca.

Mientras, Álvaro hablaba con una azafata que, desde la parte delantera del avión, había llegado al escuchar lo que estaba sucediendo.

—Tranquila, ya ha pasado todo. Pero agarren a ese señor y tengan cuidado con él que está más para allá que para acá.

—¿Necesita algo? —se ofreció gentil.

—No, gracias. Con que se lo lleve será suficiente.

Así lo hicieron entre ella y el azafato, y Álvaro, tras recuperar el trozo de su corbata que le había arrancado, quitarse el nudo de la que quedaba y desabrocharse el botón de arriba de la camisa, se sentó junto a sus amigos que, muertos de risa a la vez que sorprendidos, le miraban.

—Bueno, ya nos contarás qué ha pasado, Mariano. Porque hay que ver la que has liado —le dijo un poco enfadado su jefe.

—Pues nada. Al volver del baño, sin querer, le he dado en el codo y estaba bebiendo café y se le habrá caído encima. Sólo eso.

—Menos, mal. Porque la has liado buena.

—Perdona, pero el que la ha liado has sido tú —se defendió Mariano.

—O sea, que viene un tipo a meterse contigo, te defiendo y, encima, ¿la lío yo?

— Hombre, lo de la barriga no creo que le haya ofendido mucho, pero ese ¡majjjjjjeeeete! te ha salido del alma —intercedió Ignacio, siempre moderador.

La impresión de que todo el mundo les miraba no se la pudieron quitar de encima, ni siquiera cuando el avión aterrizó en El Prat. El tiempo de salir del avión pareció eterno, y la sonrisa de las azafatas fue lo único que rompió esa sensación de ser el punto de atención de todos los pasajeros.

El paseíllo que se forma a la salida, hasta que llegas a la puerta delantera, se les hizo más largo de lo habitual. Al despedirse de la última azafata, justo al poner el pie en el *finger*, observaron que estaba un número de la Guardia Civil junto al operador de tierra.

Álvaro entendió rápido que le habrían avisado como medida de precaución desde la cabina, en la previsión de que pudiese ocurrir algo una vez que desembarcasen del avión. Por ello, ni corto ni perezoso, se acercó a él y le preguntó, con esa seguridad que da el saber que no eres culpable de nada:

—¿Va a necesitar algo de nosotros? —ya presuponiendo, además, que sabía que eran ellos.

—No, muchas gracias.

—Pues que tenga buen servicio. Adiós.

Y con paso firme y veloz siguió, *finger* abajo, camino de la Terminal después de haber tenido un vuelo de lo más ¡majjjjjjeeeete!

CAPÍTULO 14

LA OBJECIÓN
CONSTANTE

Conseguir que el señor Masana te concediera una entrevista de ventas no era tarea fácil. Roberto lo tuvo más sencillo gracias a la mediación de su amigo Luis, quien le proveía de carretillas automáticas, y aprovechando que venía Javier, su jefe nacional de ventas, concertó una entrevista con él.

Llegar hasta la fábrica era complicado. Situada en lo alto de un monte, para acceder a ella había que recorrer una carretera sinuosa y con unas curvas demasiado cerradas como para ir con prisa o despistado. Nunca he entendido por qué muchas empresas ubican sus factorías en sitios recónditos desde los que el transporte de la mercancía hasta los lugares de distribución debe de convertirse en toda una odisea.

Ser el proveedor de los depósitos de gasolina del coche más vendido de España obligaba a tener un sistema de producción y entrega de la mercancía que no sufriese paradas ni demoras, ya que, en la actual concepción del llamado *just in time*, cualquier sistema de calidad de la industria de la automoción penaliza los retrasos que por culpa del proveedor sufra el proceso de fabricación.

Por ello, utilizaban muchos servicios de trabajo temporal, y era un cliente potencial muy importante para la oficina de Roberto, donde tenían un especial interés en que su jefe lo conociese e intentase venderle, ya que, entre otras cosas, en el sector el comentario generalizado era que se trataba de una persona bastante especial a la hora de negociar.

Al entrar por la puerta de la nave, les indicaron que las oficinas de la gerencia estaban en el piso superior. Para llegar a ellas había que atravesar el almacén principal. La altura del edificio, así como las estanterías en las que colocaban los depósitos hasta su carga en los camiones para su distribución, impresionaban cuando mirabas hacia arriba.

Las incómodas escaleras que conducían a las oficinas, al pisar cada peldaño, parecían moverse y la sensación de inseguridad obligaba a tener mayor precaución en la subida.

En la oficina, según entrabas, te encontrabas con una mampara de esas de cristal que, en forma de ele, terminaba en una improvisada sala de espera, en la que dos sillones de aluminio y cuero negro, que cuando te sientas parece que te caes, eran la tortura de las visitas.

La secretaria, una señora mayor, les invitó a sentarse y continuó con el trabajo que estaba realizando y que, casualmente, era ordenar los contratos de puesta a disposición de todos los trabajadores temporales, colocándolos por tipo de puesto de trabajo en la estantería que existía a lo largo de toda la cristalera de la mampara.

Roberto y Javier no creían lo que veían. Tenían casi toda la información que necesitaban frente a ellos, y sin ningún esfuerzo. Para empezar, vieron que sólo trabajaban con una empresa, ya que todos los contratos eran de la misma. Con un poco de trabajo, podrían conseguir más datos y, con algo de suerte, los tendrían antes de entrar a la entrevista. Su perfecta coordinación hizo el resto. Mientras Javier distraía a la secretaría con preguntas banales, Roberto cogía, mirando a través del cristal de la mampara, notas con los datos que necesitarían: tipo de supuesto de contratación, puesto que se cubría, precio de la hora.

—¿Y cree que tardará mucho en recibirnos?

—No. Está con una llamada y en cuanto termine los hará pasar —contestaba la secretaria ajena a la operación de espionaje de la que estaba siendo objeto.

—Debe de ser bonito trabajar en un lugar como éste, tan alejado del mundanal ruido y en plena naturaleza —"cursileaba" Javier para continuar con la táctica de distracción.

—No se crea. Si vives en la ciudad, como es mi caso, se hace un poco pesado venir todos los días. Además, para tomar cualquier cosa tienes que coger el coche, ya que por aquí cerca no hay ningún sitio al que ir.

—¿Y dónde comen?

—Tenemos comedor de empresa.

Concluir la secretaria y sonar el teléfono fue todo uno. Ya podían pasar, y Roberto tuvo que dejar de tomar nota de todo lo que veía en los contratos, aunque le había dado tiempo suficiente para sacar más información de la que pensaba antes de llegar y encontrarse con la agradable sorpresa que les esperaba.

El señor Masana les recibió de pie, detrás de su mesa. La verdad sea dicha, era un hombre bastante peculiar. No muy alto, delgado, con un bigotito de esos que pusieron de moda Errol Flyn y Alfredo Mayo en la época de nuestros padres, con tirantes elásticos que le sujetaban el pantalón y un rictus de mala leche que no lo evitaba ni sonriendo.

Tras invitarles a sentarse, lo hizo él y comenzó la entrevista de ventas.

—Muchas gracias por recibirnos —comenzó muy educadamente Roberto.

—No hay por qué darlas. Lo he hecho gustoso al pedírmelo Luis.

—Ya, pero ello no quita que, sabiendo lo ocupado que está y lo difícil que es encontrar un hueco en su agenda, le agradezcamos que nos reciba.

—No me pelotee así, que no es para tanto —cortó en seco el anfitrión.

Roberto se quedó parado. No se esperaba esa respuesta. Javier, viendo la reacción de su subordinado y con la ventaja que da la jerarquía y la experiencia, entró al quite.

—Aprovechando que venía yo desde Madrid, hemos tenido especial interés en que nos recibiera para poder presentarle, personalmente, nuestra compañía.

Tras hacer una breve introducción sobre quiénes eran, la empresa que representaban, cuáles eran sus principales virtudes, comenzaron a profundizar en lo que al trabajo temporal se refería:

—¿Le importaría decirme cuántas personas al día, más o menos, tiene contratadas a través de su empresa de trabajo temporal? —preguntó Roberto.

—No creo que tenga que darle esa información.

—Evidentemente, pero si me dice, aproximadamente, cuántas personas contrata diariamente, podré ver si su volumen de consumo permite que le ofrezcamos unas condiciones mejores.

—Tengo las mejores.

—¿Eso significa que el margen que le aplica su proveedor está en torno al diez por ciento? —preguntó directamente Javier, calculando que los márgenes medios estaban en un veintidós por ciento.

Aún resuena en mi oído la carcajada que soltó Masana.

—Eso es mucho. Yo tengo firmado el seis por ciento, y este año, como siga la cosa como hasta ahora, todavía lo voy a bajar un poco más.

—Nosotros a esos precios no podemos llegar, pero tenemos otros diferenciales que, seguro, ayudarán a que la diferencia de tarifa, al final, no sea significativa. Por ejemplo, nosotros damos a cada trabajador su mono de trabajo.

—¡El mono lo pongo yo! —contestó Masana dando en la mesa un golpe con su mano.

—Bueno, pero el trato que nuestra empresa da a los trabajadores es exquisito. Es más, ahora en Navidad, a todos ellos les hacemos un regalo y les invitamos a una fiesta en nuestra delegación.

—¡Aquí las cestas las doy yo! —volvió a contestar y a golpear en la mesa con su puño cerrado.

—Pero nosotros le ofrecemos, además, una asesoría jurídica de primer orden, con un bufete de gran categoría que le resuelve sus dudas y, en caso de litigio, defiende sus intereses sin coste alguno para usted.

—¿Y dónde está ese bufete?

—En Madrid. Se trata del conocido bufete laboralista *ASESORES SOCIALES*.

—¡Esos de la capital no tienen ni puta idea! —aseveró Masana con su contundencia habitual—. De lo que pasa aquí, no tienen ni idea.

—Hombre, no es así en realidad. Creo que tener un buen bufete que te asesore es una garantía para que futuros problemas lo sean menos —intercedió Javier.

—¡Yo no tengo problemas! Y si los tuviese, serían de la empresa de trabajo temporal.

—Sí, pero de usted también. Recuerde que, subsidiariamente, puede ser demandado. No olvide que los trabajadores prestan servicio en su empresa, aunque estén cedidos.

— Pero a mí eso no me importa. Yo tengo firmado un acuerdo con la empresa de trabajo temporal en el que, en caso de que vayamos a juicio por cualquier causa o reclamación, ellos asumen todo el gasto que cualquier posible demanda signifique.

—¡Les he metido un supositorio así de largo! —sentenció mientras con la mano izquierda sobre su brazo derecho daba a entender el tamaño del medicamento recetado.

Javier y Roberto, Roberto y Javier, no salían de su asombro. A la rudeza de las maneras, añadía una seguridad en sí mismo que rayaba en la grosería. Cada argumento que le daban, él lo rebatía y lo volvía en su contra.

Parece mentira que una persona, que en una primera impresión pudiera parecer tan poca cosa, tuviera en su interior toda la mala uva y la fuerza contenida que Masana demostraba con su comportamiento.

Viendo que poco se podía hacer, y que la entrevista no daba más de sí, decidieron cortar por lo sano, se despidieron hasta otra ocasión, con la certeza de saber que nunca, nunca, lograrían venderle nada.

En el coche, cuando se recuperaban de lo dura y peculiar que había sido la entrevista, Roberto llamó a Luis, el amigo que le había conseguido la entrevista, y le dijo:

—¡Eres un cabrón! Lo menos que podías haber hecho era avisarme de que Masana era como es.

De vuelta a la oficina, entre curva y curva, no pudieron dejar de reírse de lo que acababan de vivir y de cómo era su interlocutor. Pero aprendieron varias lecciones que nunca olvidarían: no siempre es el vendedor el que rebate las objeciones; los competidores, con tal de vender, hacen cualquier cosa y, sobre todo, de nada sirve, en algunas ocasiones, tener toda la información sobre la competencia que trabaja con el cliente que se visita.

Mucho más aún, si nunca la vas a poder utilizar.

CAPÍTULO 15

LA CONVENCIÓN
DE VENTAS

L a empresa tenía la costumbre de celebrar la convención de ventas anual en una ciudad diferente en la que tuviesen oficina. El director de la delegación local era el encargado de organizar todo lo necesario para que la reunión fuese un éxito y no faltase ningún detalle.

No era tarea fácil, ya que eran muchas las acciones y actividades que había que sincronizar y prever. Reunir, durante dos días, toda una red comercial era un trabajo extra para la oficina que, para más complejidad, no siempre era agradecido como se merecía. Pero ya se sabe que de desagradecidos, egoístas y envidiosos anda el mundo lleno.

Cuando le comunicaron a Guillermo que le correspondía el alto honor de ser el anfitrión, rápidamente comprendió lo que ello iba a suponer. Menos mal que contaba con un equipo joven, activo, diligente y voluntarioso que, sin duda alguna, conseguiría el objetivo de ser la ciudad en la que mejor se organizase una convención de ventas de todas las que, hasta ese momento, la habían organizado.

La agenda venía preparada desde la central, pero siempre dejaban huecos para que los organizadores sorprendieran a sus invitados durante el escaso tiempo libre del que disponían. No sólo había que elegir los mejores restaurantes en los que degustar las delicias de la comida típica de la zona, sino que, además, debían idear actividades lúdicas con las que entretener al personal.

La verdad es que no era tarea fácil, ya que la desventaja que tienen los comerciales es que, al estar todo el día en la calle, pocas cosas son las que no conocen y pocos son los lugares en los que no han estado.

Pero Guillermo asumió el reto y estaba convencido de que lograría superar en su organización a la mejor convención que se hubiera celebrado hasta entonces. Y no era de los que se conformaban con perder, todo lo contrario, era un ganador nato. Su carácter luchador le ayudaba en la dura tarea diaria, y su origen montañés había dotado a su personalidad de una fortaleza envidiable.

Entre los compañeros era conocido como "el aldeano", pues su franqueza en los planteamientos, unida a la inocencia de la que pecaba en bastantes ocasiones, hacía que, habitualmente, al entablar discusiones o al participar en reuniones públicas, justo en los mofletes, le aparecieran dos círculos sonrosados, con lo que se le ponía una cara de paleto de pueblo que era motivo de burla, chanza e ironía. Y lo más grave es que, en lugar de ignorarlos y ningunearlos, entraba al trapo consiguiendo que las bromas fuesen mucho más crueles y constantes.

En cada reunión de ventas, el director comercial procuraba introducir novedades, no sólo de sus productos, sino en lo que al contenido y a los conferenciantes se refería. Cuando no era un cliente el que acudía para explicar cómo le gustaba o no que le vendiesen, era un formador en negociación o liderazgo el que exponía las ventajas que un buen *management* tiene sobre los resultados.

En esta ocasión había elegido a un conferenciante que explicase las mejores fórmulas para agilizar los cobros y las tácticas más novedosas para evitar morosos, siguiendo una de las premisas básicas de toda venta que afirma que *la venta no está terminada hasta que está cobrada.*

El hotel contaba con un salón amplio en el que se ubicaron los ciento cincuenta asistentes. La sala estaba montada en plan escuela, con una mesa preferente en la que se sentaron los distintos ponentes, situada enfrente de las mesas en las que estaban los comerciales participantes.

Durante el primer día, todo lo que se habló fue de carácter interno. La apertura corrió a cargo del director comercial, quien informó sobre la agenda y los objetivos de la reunión y la presentación de la situación al último mes contabilizado: clientes nuevos conseguidos, principales cuentas negociadas, porcentaje del presupuesto alcanzado a la fecha. Números y más números, que situaban a la compañía en el buen camino y que pretendían ser motivadores, sobre todo para aquellos que los alcanzaban.

Tras el primer descanso para tomar un café (en la jerga de los hoteles y de las reuniones se dice *coffe break*[1]), le tocó el turno al director de marketing y comunicación, al que en la empresa le conocían como el *Yo-Yo*, pues se pasaba todo el tiempo hablan-

---

[1] Mi opinión al respecto la he dado en el capítulo Gibraltar *for Spain*. (N. A.)

do de sí mismo. La estrategia para ese año sería la de casi todos: "mucho marketing relacional orientado a la búsqueda de la fidelidad y captación de clientes por la vía de la inteligencia emocional, dentro de un contexto de globalización acelerada en el que las acciones *one to one* se imponen para aprovechar las sinergias con el resto de la cartera" (sic).

Después del almuerzo, siempre es el peor momento para tener una ponencia en las reuniones y conferencias, ya que todo el mundo está medio abotargado por la comida. La modorra obliga a evitar las cabezadas traicioneras que harían que el conferenciante las achacase a su intervención, en lugar de pensar que el culpable es ese rico Rioja que nos hemos tomado mientras almorzábamos.

Para evitar que esto ocurriese, se eligió al director de grandes cuentas, un orador ameno, ágil, entretenido y participativo, quien hizo constantes preguntas a los oyentes para que su intervención animase el contenido de la charla que ya era suficientemente animada por el tema tratado.

Las grandes cuentas siempre son motivo de discusión. Para lo bueno y para lo malo. Buenas porque nos dan un gran volumen que nos garantiza una parte de las ventas anuales. Malas porque, lógicamente, al ser de mucho volumen, los precios que se pagan son muy inferiores a los del resto de los clientes con menor consumo.

Pero toda empresa que quiera crecer y tener una cierta tranquilidad presupuestaria las necesita. Aunque he oído a altos cargos de importantes empresas —asustados porque, cuando su principal cliente estornudaba, su empresa agarraba un constipado importante por la dependencia excesiva de la gran cuenta en el total de su facturación— decir que este tipo de cuentas son contraproducentes e innecesarias. ¡Ilusos!

Tras su brillante intervención, que originó los primeros aplausos del día, se concluyó la reunión hasta la mañana siguiente. Las seis de la tarde es una buena hora para finalizar la primera jornada, sobre todo porque a las ocho partían los autobuses que les llevarían a la actividad que se había elegido para esa noche, consistente en acudir a un restaurante típico local.

Mientras que algunos iban a dar un paseo para estirar las piernas tras estar tanto tiempo encerrados, otros preferían subir a las habitaciones a tumbarse y vaguear en la cama, y los menos, por no decir los de siempre, iban directos al bar a tomar la primera cerveza de las muchas que caerían a partir de entonces.

Conseguir controlar a más de cien comerciales es tan complicado como pretender detener una desbandada de toros bravos en una finca salmantina. Mucho más, si tenemos en cuenta que a la natural libertad individual se añade el sentimiento de pertenencia al grupo, el cual, de por sí, es rebelde y jaranero.

Por ello, cuando los autobuses partieron de la puerta del hotel, con quince minutos de retraso sobre el horario previsto, Guillermo pudo sentarse tranquilo en la butaca. La cosa iba funcionando y ya quedaba menos.

El restaurante elegido fue todo un éxito, y los compañeros no se portaron mal del todo. Tan sólo hubo un amago de bombardeo de panes entre mesas, que fue rápidamente cortado por el director comercial, quien tuvo que hacer valer su capacidad de convicción y su jerarquía para lograr parar el intento y que no sucediese lo mismo que en la convención anterior, pues en ella más de uno acabó con un *panazo* en pleno ojo.

Volver a los autobuses fue más sencillo, ya que en el restaurante estaban todos localizados. Al llegar al hotel, la mayoría, a dormir, encabezados por las mujeres, que son más responsables. Otros, a charlar en el bar, y los de siempre, de farra por la ciudad, a romper la noche.

De tanto romper, a la mañana siguiente, cuesta levantarse. El clavo que atraviesa la cabeza obliga a tomarse la inefable aspirina y maldecir esa última copita que no deberíamos haber tomado.

Llegar tarde, otro año más, hace que todo el salón prorrumpa en un sonoro aplauso a los que se han perdido los primeros quince minutos de la intervención del jefe nacional de ventas que está explicando la nueva organización regional, ocasionada por el plan de expansión que prevé abrir, en lo que queda de año, veinte nuevas oficinas.

Como consecuencia de ello, más de uno cambiará su posición, aceptando esa oferta de asumir una mayor responsabilidad que depara tener a tus ordenes antiguos compañeros y pasar de comercial a jefe de equipo. Los que no han sido afortunados, muchas veces, piensan en favoritismos —*claro, como es uña y carne con su jefe*—, ven fantasmas donde no los hay

—seguro que lo ha conseguido porque es un pelota— y no se dan cuenta de que, la mayoría de las veces, es porque ellos tienen algún defecto que impide ser los elegidos como, por ejemplo, no poseer ninguna capacidad para liderar equipos, no ser flexibles o cualquiera de las llamadas competencias profesionales específicas y necesarias para desarrollar dicha labor. Pero ya sabemos, desde hace mucho, que España es un país de envidiosos[2].

La pausa para el café la agradecen mucho más los del clavo. Levantarse tarde obliga a ducharse y vestirse a toda velocidad, sin poder desayunar, ya que la reunión ha empezado y no se puede perder más tiempo. El director comercial, como conoce perfectamente a su equipo, pasa por su lado y bromea con el retraso producido y la cara de resaca que tienen.

—Creo que ahora, después del refrigerio, os toca salir a exponer la mejor forma de vender una buena excusa que justifique llegar tarde. Así que preparar la intervención que estamos deseosos de escucharla.

---

[2] Mi padre siempre decía que nuestro plato nacional era la ensalada de *endivias*, porque España es un país de *endiviosos*. (N. A.)

No hace falta decir más. El mensaje está captado, y el mal trago pasado. Así hasta la convención siguiente o hasta la primera visita que el director comercial haga a su oficina, donde aprovechará, de una manera más seria y contundente, para regañar a los retrasados por no cumplir con su deber. Siempre los mismos, y a los mismos, la misma regañina:

—Si somos muy machotes para salir, beber y acostarnos amaneciendo, somos muy machotes para llegar en punto a nuestra reunión. Que sea la última vez.

El delicioso descanso se termina y continúan las conferencias. Le toca el turno al departamento de recursos humanos. Su directora es como una madre para todos: dulce, cariñosa, siempre dispuesta a dar conversación y a animar a todo el que tiene un mal momento, defensora de los imposibles e interlocutora privilegiada para defender que no se pueden subir los salarios como todo el mundo desea. Creer que toda persona tiene, en el fondo, buenas intenciones y que no existe la maldad premeditada le ocasiona, en más de una ocasión, grandes desilusiones y disgustos al comprobar que el mundo no es como ella piensa, o como le gustaría que fuese. Por ello, es conocida como Sor Citroën, en clara alusión a la monja protagonizada por Gracita Morales en la película del mismo nombre, que tanto éxito tuvo cuando éramos niños, y que se caracterizaba por su bondad e inocencia.

Tras ella, el director financiero. Aprovechando la convención se ha pensado que es el momento idóneo para formar a todo el equipo en el conocimiento de los diferentes medios de pago existentes en la actualidad, ya que, cada vez más, las grandes empresas modernizan el pago a proveedores adaptándose a las novedades que surgen en el sistema bancario.

Del antiguo pago al contado o a través de letras de cambio y cheques, se ha pasado al pagaré, el *factoring*, el *confirming* y demás *ing* que se inventan los bancos para, en el camino entre el cliente y el proveedor, quedarse todo lo que pueden en concepto de comisiones o gastos de administración que tanto les gusta cobrar.

Tras la comida, viene el conferenciante invitado para tratar el tema de *La gestión de cobros: de las palabras a los hechos*. El historial profesional del ponente no puede ser más adecuado al tema que tratará: responsable del departamento de cobros de la multinacional americana líder en su sector, profesor de la escuela de negocios Institute for Executive Development (IEDE) y articulista habitual en el periódico *Expansión & Empleo*, que tan sabiamente lidera la encantadora Pilar Trucios.

El hombre, de estatura media, cara redondita y medio calvo, parecía serio e introvertido. Comenzó su charla explicando cómo estaba conformado su departamento, cuáles eran sus funciones y cómo trabajaban. Continuó con la importancia que tenía documentar perfectamente cada venta, la necesidad de que existiera una buena comunicación entre las personas responsables de las acciones comerciales y las encargadas de su cobro, y finalizó la primera parte de su exposición incidiendo en los diferentes medios de pago que existían, recordando, en gran parte, lo ya expuesto por el director financiero.

Hasta ese momento, además de interesante, la conferencia se desarrollaba conforme a lo previsto, tanto en horario como en contenido. No se sabe qué pudo pasar en el descanso para el café vespertino, pero el caso es que el ponente no volvió con la misma claridad de ideas con la que se marchó.

Era el turno de hablar sobre la mejor manera para realizar una eficaz gestión de cobros, qué mecanismos podemos utilizar para agilizar el pago por parte de los clientes, cómo reducir el periodo medio de cobro; cuando, literalmente, se le fue la cabeza al experto.

—[…] y si no podemos cobrar por las buenas, pues lo hacemos por las malas. Todos conocemos a alguien que, por unas cuantas pesetas[3], está dispuesto a acudir a la empresa de nuestro cliente y decirle que, si no nos paga rápidamente, podrá sufrir un accidente.

El director financiero no sabía dónde meterse, ya que él había recomendado al ínclito personaje. El director comercial, volado con lo que estaba oyendo y descontento con la idea que podrían sacar algunos, no sabía cómo detenerlo, mientras el cachondeo que se traían los comerciales que recibían la charla fue de los que hicieron época, pues todos se tomaron al supuesto gurú a chufla porque lo que oían era de lo más surrealista.

—[…] existen muchas formas de hacerlo, pero la más eficaz es la de romperle las piernas, ya que, durante muchos días, se acuerda de la deuda que tiene al no poder andar para ir a trabajar.

---

[3] Entonces no se había implantado el euro.

La juerga entre el público motivaba al ponente, quien, animado por la alegría y las risas que escuchaba, todavía incidía más en su peculiar planteamiento.

— […] llegan varios, le agarran, le tumban en el suelo y le dan con un palo de madera o de hierro. Y a los pocos días, hemos cobrado.

Fue lo que necesitaba el director comercial para cortar por lo sano. Había pasado tiempo suficiente, y se habían escuchado demasiadas tonterías como para seguir con la actuación. En juego estaban muchas cosas, y la majadería de un loco no tenía que perjudicar una convención que, hasta ese momento, había sido un éxito.

Y terminó siéndolo.

El borrón quedó en mera anécdota y continuaron las intervenciones hasta concluir la apretada agenda que había comenzado el día anterior. A la finalización, cada uno marchó de regreso a su localidad para aplicar todo lo que se había acordado durante las dos jornadas; los nuevos asumirían sus obligaciones y el año que viene procurarían invitar a un experto que supiese técnicas y métodos que no fuesen tan expeditivos.

CAPÍTULO 16

HAY GENTE
QUE VENDE DE "TÓ"

SE VENDE

FUNERARIA
EN GALICIA

Con finca bien situada para posible
construcción de un tanatorio y con
una importante cartera de decesos.

Interesados, llamar al teléfono

629   60

Vender es complicado y requiere ciertas habilidades, como disfrazar la realidad o exagerar lo que pretendemos transferir.

Comprendo que la finca esté en un lugar de privilegio y que, incluso, pueda construirse un tanatorio; pero de ahí a que una funeraria ya tenga los muertos futuros va un pequeño trecho.

EMPRESA NAVARRA DE SERVICIOS AGROPECUARIOS

precisa

COMERCIAL

DE SEMEN DE GANADO BOVINO

Función: Comercialización en el centro y sur de España de productos en exclusiva líderes en el sector.

Se valorará: Conocimiento del sector ganadero y de la mejora genética del bovino.

Se ofrece: Cartera de clientes. Sueldo base + comisiones.

Se requiere: Dedicación exclusiva.

Enviar *curriculum vitae* al apartado número ▓▓▓▓▓ Irurtzun (Navarra).

¿Tengo o no tengo razón cuando digo que hay gente que vende de todo?

¿Qué pasa, que los toros, las vacas y demás bovinos no se merecen un mercado que no sólo radique en su venta para ser comidos?

Hombre, una cosa es que la venta no esté terminada hasta que esté cobrada, y otra que nos pasemos un poco, ¿no?

CAPÍTULO 17

EL CIBERVENDEDOR

Pensar en lo que va a ser o va a ocurrir de aquí a unos pocos años, en el mundo de los negocios se llama estrategia, en la literatura, ficción y en la vida real, futurología.

Jugar con el futuro siempre es productivo, y si no que se lo digan a don Julio Verne, que ha sido, desde mi humilde punto de vista, el mayor visionario de la historia de la humanidad, por mucho que se enfade Nostradamus.

Por ello, y con permiso de todos los astrólogos, adivinadores, videntes y demás ralea que campan a sus anchas por esta sociedad nuestra, me voy a permitir la licencia de soñar, mucho más que adivinar, cómo será la jornada de un vendedor cuando llegue el año dos mil veintisiete, fecha en la que habré alcanzado (s. d. q) mi edad legal de jubilación, siempre y cuando el gobierno de turno ni la atrase, ni la adelante. Voy a imaginar cómo será un día de trabajo de un *cibervendedor*.

* * * *

El turbo despertador inició su trabajo a las siete en punto, hora para la que había sido programado. El sonido cu, cu, cu cambió a los treinta segundos, encendiéndose la radio presintonizada con el canal *Todo Noticias*. A la vez que el despertador realiza su función, en la cocina, se pone en marcha la cafetera, y la tostadora calienta dos rebanadas de pan.

Tras estirar sus brazos, Juan se levanta camino del cuarto de baño. A su paso, las luces se encienden indicando el camino que ha de seguir. Mientras se afeita con la maquinilla nuclear, la televisión del espejo proyecta el informativo matinal. Aburrido de tanta mala noticia, conecta su correo electrónico para comprobar si ha llegado algún mensaje nuevo. Nada importante: los movimientos del banco, la factura del teléfono y dos *publi mails* del Ministerio de Tributos para recordar la proximidad de la declaración trimestral.

Tras la ducha, se viste rápidamente y se dirige a la cocina donde su robot Boci —qué gran invento de

NYSO CORPORATION— ha puesto el desayuno en la mesa y le saluda cortésmente al verle.

—Buenos días, amo Juan.

—Buenos días, Boci.

—La temperatura en el exterior es de veinticuatro grados y cinco décimas. La humedad relativa del aire es del quince por ciento, el día se espera soleado y con grandes claros —informa debidamente.

— Gracias. Otro magnífico día para vender.

Después de tomar el café con las tostadas, programa la nevera para que realice el pedido de todo aquello que falta —leche, fruta, zumos, verdura— y se despide de Boci mientras cierra la puerta, a la vez que pronuncia la palabra *ausente* para que el detector de voces reconozca la suya y conecte las alarmas de robo, incendio, fuga de gas y agua de la casa.

En el garaje, el *over car* espera en marcha. El mando a distancia ha encendido el motor y abierto la compuerta de salida. Vivir a cincuenta minutos del micro centro es todo un lujo que sólo unos cuantos privilegiados pueden permitirse.

En la *over pista*, las paradas intermitentes de cada mañana. Si no fuese porque regresa tan tarde, cogería el *colect* que es mucho más rápido, pues tiene su propio carril de acceso. Pero todos los días se le hace tan tarde que le produce demasiada pereza utilizarlo.

Al llegar al garaje, posa su pulgar en el botón de apertura, el cual reconoce su huella y le permite el acceso. Deja el *over* para que lo aparque el robot interno y, tras volver a usar su pulgar para que el ascensor abra las puertas, accede al interior, apretando el botón del piso cincuenta y cuatro.

Tras saludar a su secretaria, pasa a su despacho. El ordenador central le informa de la situación de los pedidos de los clientes que en las últimas horas han sufrido cambios, lee los *mails* que estaban sin abrir y le recuerda la agenda del día.

—A las nueve, *video meeting* con el equipo nacional de ventas. A las nueve quince, videoentrevista con el director general. A las nueve treinta, *conference call* con la fábrica de Tai Pei para seguir con el desarrollo del nuevo prototipo. A las diez, *sales interview* con el responsable de compras del Grupo Sintex. A las once, tiene que realizar la *pre-*

sentation film a toda el área de marketing con los objetivos del trimestre.

De once y media a doce, tiempo para preparar los presupuestos que se presentarán durante el *budget video* que, conjuntamente con el departamento de nuevas producciones, celebrarán con los responsables de logística y mercados emergentes de la Comunidad Autónoma Lunar.

Se calcula que terminen para la hora del almuerzo, que lo tiene comprometido según la distribución siguiente: aperitivo con el director general; primer plato con el señor Uruñuela, gerente de *Wheels Corporation*; segundo plato con la señorita Godín, de *Construcciones Reunidas;* el postre y el café con el señor Martín, de *Industriales Psicológicos.*

—No está mal la jornada —comentó Juan irónicamente.

—¿Puedo continuar? —preguntó cortés el ordenador central.

—Continúa, continúa.

—A las dieciséis horas, reunión en su despacho con el responsable de presupuestos de la central, Robert River, para dejar cerrado el *budget* del equipo comercial de cara a los presupuestos del trimestre próximo. A las diecisiete treinta, saldrá camino de la presentación de la nueva exposición de vídeo cuadros del genial John Kodak y, después de ella, acudirá al *Golf Simulator* para recibir su clase semanal. Tras ella, media hora en el *Gym Factory* y listo para cenar junto con el presidente de *Agrupación Reunida*.

—Bueno, pues muchas gracias. Te dicto varios *mails* y, ya sabes, da prioridad a la llamada del de arriba, antes que a cualquier otra. Estoy pendiente de que me confirme que acepta los últimos nombramientos que le he propuesto.

—¿Quiere que conecte la videoconferencia para hablar con las personas que quedaron ayer pendientes?

—No, todavía no. Espera un poco que tengo que repasar unas *video notes* antes de ponerme con lo pendiente de ayer.

Antes tenía que organizar temas retrasados. La ventaja de tener videovisitas de venta es que, mientras estás en plena exposición, puedes repasar documentación en la pantalla del ordenador.

Y confiar, una vez más, en la habilidad de convicción innata que tiene. Convencer a través de la video conferencia a los potenciales clientes es algo que no está al alcance de todos. Las relaciones personales de antaño han pasado a mejor vida. Ahora toda visita es virtual y el contacto directo, escaso. Tan sólo en algunas ocasiones y con algunos clientes se queda a comer parte del almuerzo.

Hay que reducir costes y optimizar tiempos. Cosas del año 2027.

CAPÍTULO 18

VIVIR EN EL ÁTICO

Mi buen amigo José Antonio Puente, presidente de la escuela de comunicación TRACOR, cuando era el presidente del IEDE, escuela de negocios especializada en los famosos MBA, Master in Business Administration, sacó una campaña de publicidad en la que se podía ver un dibujo de un organigrama bajo un eslogan que rezaba *¿QUIERES VIVIR EN EL ÁTICO?*, en clara alusión a la posición que puedes llegar a ocupar en la empresa si estudias dicho curso.

De la multitud de campañas de publicidad de escuelas de negocios que he visto en los últimos años, ésa ha sido la que más me ha gustado, por lo mucho que se dice en tan pocas palabras y de una manera tan visual.

Todo comercial que se precie debe ser un ambicioso empedernido. Sin ambición, pocas cosas vas a lograr en la vida y, mucho menos, en la venta. Nunca te fíes de comerciales que pretendan estar siempre en el mismo puesto y en la misma empresa porque, o no son tan buenos como puedes creer, o algo falla.

Desde mi primer puesto como comercial puro y duro, he tenido claro que quería vivir en el ático. Ahora que estoy en él, entiendo las ventajas que ofrece dedicarte al trabajo comercial para poder alcanzar esos objetivos y sueños de crecimiento profesional a los que, normalmente, todos aspiramos.

Entre las muchas ventajas que ofrece el dedicarte a la acción comercial para poder alcanzar tus metas, me gustaría destacar las siguientes:

1. Permite hacer tangibles los resultados. No hay nada más fácil de controlar que todo lo que se puede medir, y los resultados del día a día de un vendedor se controlan rápidamente.

2. Estás en contacto con todas las áreas de la empresa: producción, financiera, recursos humanos, logística, etc.

3. Ello te permite tener una visión global de las necesidades y de los problemas con los que vas a poder enfrentarte.

4. Conoces tu sector, el mercado, la competencia.

5. Manejas uno de los mayores valores con los que cuenta cualquier empresa: sus clientes.

En definitiva, ser comercial permite tener un alto conocimiento, mucho mayor que el resto de las áreas de la empresa, de todo el entorno interno (departamentos, sistemas productivos, financiero...) y el externo (clientes, mercado, competencia...).

Te permite tener una visión global, amplia, polivalente y multifuncional. Por eso, cuando leo en los periódicos dedicados al trabajo y empleo los nombramientos que aparecen cada semana, al analizar los que corresponden a personas que acceden a puestos de dirección general, en la mayoría de los casos, su origen, su trabajo previo, estaba relacionado directamente con el área comercial.

No es que seamos más guapos, ni más listos, ni que estemos más preparados los comerciales. Tan sólo es que tenemos un conocimiento mucho más amplio de lo que ocurre en nuestro entorno, interno y externo, que nos ayuda y facilita a la hora de tomar decisiones, plantear estrategias y saber hacia donde se encamina el sector en el que nos movemos.

El crecimiento en el área comercial suele pasar por un inicio como comercial de calle, visitando y visitando, bien a puerta fría o con un telemarketing previo. Si los resultados te avalan, con el paso de los años, llegarás a dirigir, como jefe de ventas, un equipo de vendedores.

Con la dura tarea diaria, y sin desconectarte de la calle y de las visitas, podrás ser, en un plazo no muy largo, director provincial de ventas, paso previo de una dirección regional.

Depende del tamaño de la empresa, pero, si es una de implantación nacional, puede que exista un departamento de grandes cuentas. Pertenecer a él te ayudará a emprender negociaciones de más alto nivel, con mucha paciencia y poco margen.

Pero todo ello ayudará a que un día, después de prepararte y cursar el consabido MBA, puedas vivir, también, en el ático.

Y cuando en él estés, no te olvides de que gran parte de tu éxito, que muchas de las cosas que habrás conseguido hasta llegar ahí, que parte de tu triunfo se lo debes a tus compañeros y a los equipos con los que has trabajado y a los que has dirigido, que son los que, con su trabajo de cada día, ayudaron a que consiguieses lo que tanto tiempo llevabas buscando.

Y si crees que tu trabajo de ventas ha terminado, vete cambiando de idea. No venderás a través de la puerta fría, no estarás el cien por cien de tu jornada laboral intentando concertar entrevistas, no te tirarás horas colgado del teléfono para conseguir que te den citas, pero tendrás que seguir siendo, en la medida de lo posible, el referente de tu empresa en lo que a la mentalidad de ventas se refiere.

Eso sí, venderás de otra manera. Pero venderás.

Y es que, no te olvides, el que nace vendedor, muere vendedor.

POSTVENTA

S oy un gran admirador del dibujante argentino Quino, padre de la famosa Mafalda y toda su pandilla de amigos. He disfrutado leyendo los diez libros que publicó y pienso que más que tiras cómicas son un compendio de filosofía.

Algunas de ellas las utilizo en mis clases y conferencias, porque tienen un alto contenido irónico y resumen, perfectamente, una filosofía de vida como es la comercial.

Por eso, y con permiso de su editorial, me permito reproducir las que considero que son un claro ejemplo de ello.

Manolito es el hijo del dueño del supermercado del barrio y compañero de colegio de Mafalda y Susanita, quienes, sabiendo que está enfermo, deciden ir a visitarle. Allí comprueban su mentalidad comercial, su constante afán por vender. Manolito ha nacido vendedor.

Este iluso vendedor pretendía venderle algo al padre de Mafalda siguiendo las instrucciones aprendidas en un curso de ventas. Con este libro yo no he pretendido dar una lección sobre la función comercial, ni sentar cátedra en las nuevas técnicas de venta, con lo cual, aquí no estaban todas las respuestas.

Tan sólo he pretendido que los lectores puedan pasar un rato agradable y entretenido, así como que entiendan que mi amor hacia la vida comercial ha sido mi mayor motivación a la hora de escribirlo.

Gracias a todos los que han llegado hasta aquí, y gracias a todos los que me han ayudado a que yo también esté.